시턴
동물
이야기
②

시턴
동물
이야기
②

어니스트 톰프슨 시턴 글·그림 ― 윤소영 옮김

사계절

■ 일러두기
1. 「은여우 도미노의 아름다운 일생」은 1909년 출간된 *The Biography of a Silver-Fox* 초판을 완역했습니다.
2. 「전서구 아녹스의 장엄한 비행」, 「멧토끼 워호스의 위험한 경기」는 1905년 출간된 *Animal Heroes* 초판을 완역했습니다.
3. 「달빛 아래 춤추는 요정 캥거루쥐」는 1901년 출간된 *Lives of the Hunted* 초판을 완역했습니다.

차례

은여우 도미노의 아름다운 일생 • 7

멧토끼 워호스의 위험한 경기 • 117

전서구 아녹스의 장엄한 비행 • 169

달빛 아래 춤추는 요정 캥거루쥐 • 207

시턴의 삶 • 235

옮긴이의 말 • 244

은여우 도미노의 아름다운 일생

나는 이 이야기를 내 딸 앤 시턴에게
처음 들려주었다. 앤에게 이 책을 헌정한다.

1

해는 골더 산 너머로 자취를 감추었지만, 산봉우리 위에는 땅에서 태어난 가장 고귀한 것들이 사랑하는 부드러운 빛이 넘실거리고 있었다. 연회장을 은은히 밝히는 조명처럼, 서쪽 하늘을 띠처럼 두른 빛은 밑으로 내려다보이는 강변을 부드럽게 어루만졌다. 동쪽으로 쇼밴 강까지 비탈을 이룬 높은 산 위에는 소나무가 드문드문 자라는 작은 빈터가 있었다.

빈터에는 요즘 같은 '노래의 달'에 피는 꽃들이 만발했다. 너무 양지바르지도, 너무 그늘지지도 않은 그곳은 정말 아늑하고 평화로웠다. 하지만 그곳에서 가장 흥미로운 것은 따로 있었다. 바로 여우 가족의 보금자리였다.

여우 굴의 입구는 소나무 덤불에 가려서 밖에서는 보이지 않았다. 지금 여우 가족은 밖에 나와 마음껏 떠들고 뛰놀면서 하루 중 가장 즐거운 시간을 보내고 있었다.

어미여우도 함께 있었다. 여우 가족의 중심인 어미여우는 미동도 하지 않았지만, 팽팽한 긴장의 끈은 조금도 늦추지 않았다. 보드라운 솜털에 덮인 새끼들은 생기 넘치는 모습으로 실컷 뛰놀았다. 어린것들은 알고 있었다. 이 세상에 엄마보다 강한 존재는 없으며, 엄마의 힘은 자신들을 위해서만 쓰인다는 것을. 그리

하여 이 세상은 사랑으로 가득 찬 곳이라는 것을.

　새끼여우들은 서로 장난을 걸고 한데 엉켜 뒹굴었다. 서로 뒤를 쫓기도 하고 날벌레나 우스꽝스러워 보이는 벌레들을 쫓아다니기도 했다. 그러다가 위험한 줄도 모르고 호박벌에게 다가가기도 했다. 어미의 꼬리를 붙잡으려고 안간힘을 쓰거나, 벌써 오래전에 먹다 버려서 이제는 먹을 게 하나도 붙어 있지 않은 먹이를 서로 빼앗거나 했다. 아무짝에도 쓸모가 없는데 말이다. 꼭 이기려는 게 아니라 그냥 재미 삼아 하는 놀이였다. 남아도는 힘을 발산할 수만 있다면 무엇이든 놀이가 되었다.

　공 뺏기 놀이의 공, 끈 뺏기 놀이의 끈처럼, 녀석들이 가장 좋아하는 뺏기 놀이의 대상은 말라비틀어진 오리 날개였다. 새끼여우들은 오리 날개를 열댓 번씩 서로 주고받고 낚아채며 놀고 있었다. 그런데 가장 활발한 새끼여우 한 마리가 오리 날개를 꽉 물더니 형제들을 제치고 주위를 빙글빙글 돌기 시작했다. 털이 거무스름하고 눈 주위에 까만 띠가 있는 녀석이었다.

　결국 빼앗기를 포기한 다른 형제들은 흥미를 잃고 더 이상 뒤를 쫓지 않았다. 그러자 녀석도 흥미를 잃은 듯, 오리 날개를 내려놓고 금세 어미의 꼬리를 붙잡는 새로운 놀이를 시작했다. 녀석이 어미의 꼬리를 세게 잡아당기자 어미여우는 몸을 솟구쳐 녀석을 떼어 놓았고, 그 바람에 녀석의 몸이 뒤집어졌다.

크고 작은 소란이 한창인 가운데 또 다른 여우가 슬그머니 모습을 드러냈다. 어미여우는 깜짝 놀라 몸을 움찔했다. 어미의 이런 모습에 새끼들도 흠칫 놀랐다. 하지만 어미여우는 이내 낯익은 모습을 확인하고 마음을 놓았다. 새끼여우들의 아빠였다. 아비여우의 입에는 먹이가 물려 있었다. 초롱초롱한 눈과 코가 일제히 아빠를 향했다. 아비여우가 갓 잡은 사향쥐를 바닥에 내려놓자, 어미가 달려와 물어 갔다.

새끼들이 굴 밖에 나와 있을 때는 아비여우가 먹이를 굴 입구로 가져가지 않는다는 말이 있는데, 사실이었다. 어미는 새끼들에게 사향쥐를 던져 주었다. 새끼여우들은 어린 사슴에게 달려드는 새끼늑대들처럼 사향쥐에게 달려들었다. 녀석들은 서로 밀치고, 잡아당기고, 으르렁거리고, 그러다가 서로 눈을 부라리면서 맛있는 먹이를 한 점이라도 더 얻으려고 작은 머리를 힘차게 들이밀었다.

어미는 그런 새끼들을 사랑스럽고 대견하다는 눈길로 바라보았다. 하지만 식사를 즐기는 새끼들만 바라보고 있을 수는 없었다. 적이 숨어 있을지 모르는 숲에도 주의를 기울여야 하기 때문이다. 총을 든 사람들, 개를 데리고 온 젊은이들, 독수리와 올빼미, 이런 것들이 새끼여우를 노리고 있었다. 어미여우는 잠시도 경계를 늦출 수가 없었다.

도미노가 어린 시절을 보낸 보금자리

엄마 뒤에는 믿음직한 아빠가 있었다. 집안일에서 아비여우는 늘 어미여우 다음이었으며, 새끼여우들이 눈도 못 뜬 젖먹이 적에는 굴속에 들어갈 수도 없었다. 그렇지만 아빠는 잠시도 꾀를 부리지 않고 먹이를 가져다주거나 보초를 서곤 했다.

한창 흥겨운 잔치가 벌어졌는데, 멀리서 아비여우가 "월, 월, 월, 얍." 하고 짖는 소리가 들려왔다. 위험이 다가온다는 뜻이었다. 새끼들이 조금만 더 컸다면 그 울음소리가 무슨 뜻인지 금방 알아들었을 것이다. 그러나 아직은 너무 어려서 다시 말해 주어야 했다.

엄마는 멀리서 들려오는 아빠의 울음소리를 위험을 알리는 나직한 소리로 옮겨 말하면서, 새끼들을 다그쳐 굴로 몰아넣었다. 희미한 빛이 어슴푸레 비치는 굴속에서 새끼들은 숨을 죽인 채 아비여우가 잡아 온 사향쥐를 깨끗이 먹어 치웠다.

뉴잉글랜드 지방의 농장에만 어림잡아 천 쌍이 넘는 여우가 살고 있다. 여우들은 해마다 새로 가정을 꾸린다. 따라서 늦봄부터 초여름까지 화창한 날이면 날마다, 모든 여우 굴 앞에서는 지금 이야기한 것 같은 여우 가족의 일상이 펼쳐지고 있을 것이다. 여우 가족마다 그런 날이 백 일이라면, 해마다 십만 번씩 우리 코앞에서 그런 일상이 조금씩 다른 형태로 되풀이되고 있다는 뜻이다.

여우 가족의 삶은 겉모습만으로도 충분히 아름답지만, 여우 가족 사이의 애정과 시련이 사람과 무척 비슷해서 감동을 안겨 준다. 하지만 새끼를 기르는 여우들이 어찌나 꾀를 잘 부리고 많은 노력을 하는지, 여우 가족의 모습을 보는 행운을 누리는 사람은 10만 명 가운데 한 명밖에 안 된다.

골더 마을에 그 10만 분의 1의 행운을 차지한 이가 있었으니, 바로 애브너 주크스였다. 애브너는 다리가 길고 얼굴에는 주근깨가 나 있으며 머리가 덥수룩한 소년으로, 어른도 아니고 아이도 아닌 어중간한 나이였다. 애브너는 소 떼를 몰아야 할 시간에 까마귀 둥지를 들여다보려고 나무 위에 기어오른 참이었다.

애브너는 나무 밑에서 펼쳐지는 광경을 흐뭇한 표정으로 내려다보며 단순한 사냥 본능을 넘어선 감정을 느꼈다. 자연을 탐구하는 사람들이 느끼는 즐거운 떨림도 잔잔히 밀려왔다. 특히 가장무도회의 가면인 도미노(가장무도회에서 쓰는 복면 두건이나 두건이 붙은 외투. 주로 얼굴 윗부분을 가린다:옮긴이)를 쓴 것처럼, 눈 둘레에 검은 띠가 있는 털빛이 진한 새끼여우가 눈길을 끌었다. 녀석의 활달한 모습을 지켜보는 애브너의 입가에는 절로 웃음이 피어났다.

애브너는 여우 가족을 해치거나 유쾌한 놀이를 방해할 생각은 아니었다. 하지만 애브너는 결국 여우 가족이 바깥놀이를 끝내

고 훗날 가슴 아픈 이별을 하게 만드는 원인을 제공했다.

농장에서 자라는 다른 소년들처럼 애브너도 겨울에는 여우 사냥을 했다. 애브너는 자기 개가 '우리 주에서 가장 훌륭한 사냥개'가 될 거라고 자랑 삼아 말하곤 했다. 아직 강아지 티를 벗지는 못했지만, 벌써 다리도 길쭉하고 옆구리도 날씬하고 가슴팍이 튼실한 녀석이었다. 짖는 소리에는 특이한 울림과 힘이 있었다. 그리고 성질은 앞날을 예고하듯이 제멋대로인 데다 포악했다. 애브너는 개를 줄에 묶어 두었지만, 어찌어찌 줄이 풀리면서 개가 풀려났다. 개는 애브너를 찾아 나섰다. 아비여우를 놀라게 한 것은 주인을 찾아 나선 그 사냥개였다.

새끼여우 일곱 마리가 모두 안전하게 굴로 피한 것을 확인한 어미여우는 위험을 완전히 차단할 생각에서 밖으로 달려 나갔다. 어미여우는 굴 가까이 다가온 사냥개가 똑똑히 볼 수 있도록 일부러 발자국을 남겼다. 잠시 후 개 짖는 소리가 요란하게 들려오자, 용감한 어미여우의 심장도 두근거리기 시작했다.

그러나 어미여우는 자신의 안전을 돌볼 겨를이 없었다. 어미여우는 요란한 소리를 내며 움직이는 사냥개를 멀리 끌고 갔다. 그리고 2킬로미터쯤 떨어진 곳에서 오던 길을 되짚어가는 방법으로 사냥개를 따돌린 뒤 굴로 돌아왔다. 굴에 도착해 보니 새끼들은 모두 무사했다. 그런데 언제나 굴 입구에서 어미를 맞던 얼

'야수' 헤클라

굴 까만 새끼여우가 지금은 굴 안쪽에서 바닥의 모래에 코를 박은 채 몸을 웅크리고 있었다.

녀석은 밖을 내다보다가 섬뜩하고 날카로운 사냥개의 울음소리를 들었다. 그 소리는 오싹한 느낌을 주었으며, 그 느낌이 녀석의 등줄기를 타고 털북숭이 꼬리 끝까지 퍼졌다. 새끼여우는 서둘러 굴의 맨 안쪽으로 들어가 숨었다. 그러고는 위험이 사라지고 한참이 지나도록 그 자리에 납작 엎드려 있었다.

과학자들에 따르면 모든 물체에는 고유한 진동수가 있다. 유리그릇에 특정한 높이의 음을 계속 쏘아 주면 공명이 일어나 깨어지는 것이 한 예이다. 파이프오르간 연주자는 마음만 먹으면 그 소리로 성당의 귀한 유리창을 깨뜨릴 수 있고, 노련한 나팔수는 높은 음을 내어 가까이 다가오는 빙산을 부수어 버릴 수도 있다고 한다. 그렇다면 이해할 수 없는 두려움을 불러일으켜 가장 용감한 심장까지 얼어붙게 만드는 소리도 있을 것이다.

털빛이 거뭇한 새끼여우가 이런 생각을 할 수 있었다면, 그 사냥개의 울음소리가 자신을 혼란에 빠뜨리고 제 다리와 심장에서 힘을 쭉 빼 놓는 소리라는 것을 분명히 느꼈을 것이다. 녀석에게는 그 소리가 전율을 일으키는 음이었던 것이다. 새끼여우의 세상에는 사랑만이 가득했으나, 그날 이후로 그곳에도 두려움이 자라기 시작했다.

2

사냥꾼들 사이에는 여우도 제 보금자리 가까이 있는 농가의 앞마당은 절대 공격하지 않는다는 말이 있다. 가까운 이웃에게는 원한을 사고 싶지 않기 때문에, 먹이를 구하는 여우들은 되도록 멀리 떨어진 농장으로 간다는 것이다. 벤턴 영감의 집이 계속 여우의 공격을 받는 동안, 주크스 씨의 앞마당에 여우가 얼씬도 하지 않았던 데에는 이런 까닭이 있었는지 모른다.

벤턴 영감은 참을성이 많지 않은 편이었다. 게다가 농장에서 기르던 토실토실한 암탉들이 4분의 1이나 사라지면서 영감의 작은 농장은 망할 지경이었다. 벤턴 영감은 자식들에게 "어떡하든 닭을 지켜 내지 못하면 농장에 있는 총을 아예 모조리 없애 버리겠다."고 엄포를 놓았다.

그다음 일요일, 벤턴 영감의 두 아들 시 벤턴과 버드 벤턴은 산등성이 위로 걸어가고 있었다. 그때 주크스 씨 집의 사냥개가 여우를 쫓으며 왕왕 짖는 소리가 들렸다. 벤턴 형제는 그 사냥개와 별로 친하지 않았으므로 그냥 지나칠 생각이었다.

그런데 아래쪽 계곡에서 무언가 쫓기는 것이 보였다. 이제 달아나는 데 싫증이 나서 그만둔다는 듯, 여우가 사냥개를 아주 쉽게 따돌리는 모습을 보고 벤턴 형제는 기분이 좋아졌다. 우체국에 주크스 씨 식구가 있을 때 여러 사람 앞에서 그 이야기를 꺼내면 정말 재미있을 것 같았다.

그러나 벤턴 형제가 지켜보는 동안, 그 여우가 다시 나타나 눈처럼 하얀 암탉을 물고 계곡을 가로지르는 모습이 눈에 띄었다. 벤턴 영감의 농장은 가장 좋은 품종인 도킹종의 닭이 큰 자랑거리였다. 그 하얀 암탉은 분명 도킹종이었다. 그런데 지금 여우가 그 닭을 제 집으로 물어 가는 것이었다. 닭의 새하얀 깃털 덕분에 벤턴 형제는 여우가 덤불숲을 지나 굴로 들어가는 모습을 놓치지 않고 지켜볼 수 있었다.

30분쯤 뒤, 벤턴 형제는 하얀 깃털이 사방에 흩어져 있는 굴 입구에 있었다. 벤턴 형제는 기다란 장대로 굴속을 쑤셨다. 굴속을 헤집고 들어오는 장대에 새끼여우들은 소스라치게 놀랐다. 그러나 굴이 구불구불 휘어 있어서 장대가 새끼여우들이 있는 곳까지 닿지는 않았다. 엄마와 아빠는 가까운 숲 속을 서성거리며 새끼들을 도울 방법을 찾았지만 뾰족한 수가 없었다. 새끼여우들이 가장 먼저 떠올린 것은 세상에서 가장 힘이 센 엄마였다. 그러나 헛된 기대였다. 지금 밖에 있는 것은 경이로운 어미여우마저도 두려워하는 존재였던 것이다.

여우 굴은 주크스 씨의 농장 안에 있었지만, 벤턴 영감의 두 아들은 이튿날 다시 와서 여우굴을 파내기로 했다. 어미여우는 본능적으로 위험을 알아차렸다. 어미는 즉시 새 굴을 준비해서 이튿날 새벽에는 새끼여우들을 옮기기 시작했다.

시골 사람들이 한배에서 태어난 새끼고양이들 중 한 마리만 키우고 싶을 때 가장 튼튼한 새끼를 찾아내는 방법은 아주 간단하고 자연스럽다. 먼저 새끼고양이들을 허허벌판에 갖다 놓는다. 그러면 그것을 본 어미고양이가 새끼들을 다시 헛간으로 옮기기 시작한다. 이때 어미가 가장 먼저 옮기는 새끼고양이가 가장 뛰어난 녀석이다. 적어도 한 가지 측면에서는 이 방법이 효과적일 수 있다. 가장 야무지고 기운찬 새끼고양이가 어미의 주목을 받을 테니까.

지금이 바로 그런 상황이었다. 굴속에서 가장 생기발랄한 녀석이 어미여우 눈에 띄었다. 눈가에 검은 띠가 있는 도미노였다. 맨 먼저 태어난 도미노는 힘도 가장 셌다. 어미여우는 우선 도미노를 안전한 새 집으로 옮겼다. 두 번째는 가장 활발한 여동생, 세 번째는 튼튼한 남동생 차례였다. 그동안 아비여우는 근처에서 보초를 서고 있었다. 어느덧 날이 희부옇게 밝아 왔다. 아비여우가 위험 신호를 보낸 것은 어미여우가 세 번째 놈을 물어 옮기고 있을 때였다.

벤턴 영감의 두 아들이 여우 굴을 완전히 파내려고 삽과 곡괭이를 가지고 다시 나타난 것이다. 보통 때라면 벤턴 형제는 한

시간 안에 모든 일을 끝냈을 것이다. 그러나 굴 입구부터 1미터쯤 파 들어간 곳에서 큰 바위가 나타나는 바람에 더 이상 파 내려갈 수가 없었다. 형제는 어떻게 할지 의논하다가 채석장의 폭음을 듣고 계획을 세웠다. 그들은 도화선과 뇌관이 달린 다이너마이트를 가져와서 바위 틈새에 고정했다.

　잠시 후, 무시무시한 폭음과 함께 산허리가 들썩거리면서 뿌연 먼지구름이 피어올랐다. 먼지가 걷히고 눈앞에 나타난 것은 더 이상 여우 굴이라고 할 수 없었다. 부서진 바위가 굴속으로 무너져 내린 것이다. 그 속에 있던 새끼여우들은 돌무더기에 깔리거나 숨이 막혀 최후의 순간을 맞아야 했으리라. 여우 굴은 이제 여우 무덤이 되었고, 벤턴 형제는 돌아가 버렸다.

　그날 밤 벤턴 형제가 거기에 계속 남아 있었다면, 아비와 어미 여우가 어떻게든 새끼를 구하려고 발톱으로 흙을 파헤치고 돌멩이를 입으로 물어 나르는 모습을 볼 수 있었을 것이다. 그러나 아무리 노력해도 소용없었다. 이튿날 아비와 어미 여우는 다시 그곳을 찾았다. 그 이튿날 밤에는 어미 혼자 찾아왔다. 그리고 끝내는 어미도 희망을 버려야 했다.

3

 새 보금자리는 동산 위가 아니라 쇼밴 강 쪽으로 2킬로미터쯤 떨어진 곳에 있었다. 쇼밴 강 유역에는 평화로운 목초지가 펼쳐져 있었다. 산기슭에 강을 바라보며 나 있는 커다란 구멍이 새로 생긴 여우 굴이었다. 사시나무, 자작나무 뿌리와 뒤엉킨 바위들이 굴을 에워싸고 있었다. 굴 입구에는 넓은 판 모양의 화강암 두 개가 보초를 서고 있었다. 여우들은 그 바위가 안전을 지켜 준다고 믿었다.

 예전 굴이 산허리의 소나무 숲 속에 있었다면, 이번 굴은 사시나무가 많이 자라는 강가에 자리 잡았다. 소나무 잎은 살랑거리며 쏴아 하는 소리를 냈는데, 사시나무 잎은 몸을 떨면서 사르락거렸다. 그 옆으로는 강물이 노래하며 흘러갔다. 공포의 그날 이후로 소나무를 흔드는 바람 소리는 떠올리기조차 싫은 것이 되었다. 이제는 사시나무와 강물이 평화의 노래를 합창했다.

 굴 입구부터는 풀밭이 완만하게 경사져서 넓게 펼쳐져 있었다. 풀밭은 나무딸기와 고사리 우거진 강둑을 지나 수풀 우거진 강굽이로 이어졌다. 강물은 그곳에서 잠시 쉬어 가며 소용돌이를 그렸다. 이 초록색 풀밭이 새끼여우 세 마리의 훈련장이었다. 그해 여름 내내 사냥꾼 아빠가 먹을 것을 잔뜩 가지고 집으로 돌아오는 눈에 익은 광경이 50번이나 연출되었다.

굴 앞의 땅은 새끼여우들이 한데 엉켜 뒹굴고 싸우면서 앙증맞은 발로 짓밟는 바람에 잘 다져졌다. 새끼여우들은 하루가 다르게 자랐다. 그중에서도 맏이인 까만 여우가 가장 빠르게 쑥쑥 자랐다. 녀석의 몸을 덮은 털과 얼굴의 검은 띠는 날이 갈수록 진해졌다.

아빠와 엄마는 새끼여우들에게 사냥하는 법을 가르쳤다. 새끼들은 이제 엄마 아빠와 같은 먹이를 먹었고, 어느 정도는 스스로 먹이를 찾아야 했다. 새끼들이 점점 더 힘이 세어지자 아빠와 엄마는 금방 잡은 사냥감을 가져와서 굴 입구에 내려놓지 않고, 50미터, 100미터, 그리고 다시 더 멀리 떨어진 숲 속에 놓아두었다. 그러면 새끼들은 "얘들아, 힘내!" 하는 엄마의 응원을 들으면서 '찾지 못하면 굶어야 하는' 심각한 경기를 해야 했다.

녀석들은 나무딸기로 뒤덮인 곳을 부지런히 뛰어다니고, 수풀 우거진 강둑 위를 이리저리 살펴보았다. 구멍이 보일 때마다 눈을 동그랗게 뜨고 코를 들이밀기도 했다. 산들바람이 암시를 주는 희미한 냄새를 실어 오거나 이리 오라고 속삭이기라도 하면, 녀석들은 서로의 몸을 뛰어넘으며 한껏 즐겼다.

드디어 새끼들은 전속력으로 아빠와 엄마의 발자국을 쫓아서 숨겨 둔 먹이 찾는 법을 터득할 수 있었다. 살아 있는 사냥감을 다루는 훈련을 시작할 수 있게 된 것이다.

이제부터는 실제로 사냥하는 법을 배워야 했다. 아빠와 엄마는 새끼여우들에게 필요한 모든 것을 제공했고, 새끼들은 모두 같은 기회를 가진 것처럼 보였다. 그러나 삶에서 똑같은 기회란 없는 법이다. 기회는 준비된 자에게 찾아오는 것이었다.

맏이인 도미노는 가장 영리하고 힘이 셌으며 가장 뛰어난 능력을 보여 주었다. 그래서 숨겨 둔 먹이를 가장 잘 찾았고 영양 상태도 가장 좋았다. 녀석은 언제나 질 좋고 양도 많은 먹이를 차지했으며, 다른 형제들보다 더 빨리 자랐다. 몸집과 힘의 차이는 날이 갈수록 벌어지기만 했다.

녀석에게는 형제들과 다른 점이 하나 더 있었다. 짙은 회색 솜털이 점점 더 진해진 것이다. 형제들이 다른 많은 여우들처럼 붉은빛이 도는 누런색을 띠는 동안, 녀석의 털 색깔은 점점 더 진해졌다. 얼굴과 다리는 이미 까만색이었다.

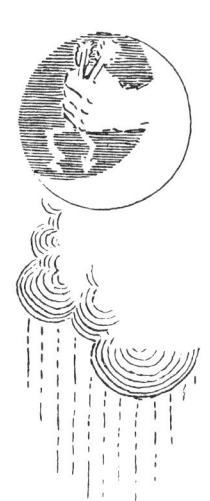

7월도 막바지에 접어들었다. 아빠와 엄마는 쉬지 않고 농장의 통통한 가축들을 새끼들에게 잡아다 주면서도, 온갖 위험을 피하기 위한 경계를 늦추지 않았다. 시커먼 사냥개가 짖어 대는 소리가 집 근처에서 몇 번 울렸는데, 그때마다 도미노는 털이 곤두서는 걸 느꼈다. 그러면 아빠나 엄마가 당장 밖으로 뛰어나가 간단한 속임수로 적을 돌려보내곤 했다. 강변의 바위 사이에서 적을 따돌리는 것쯤은 식은 죽 먹기였다. 여우들은 조금씩 자만에 빠져서 사나운 적을 얕잡아 보게 되었다.

그러던 어느 날, 사건이 벌어졌다. 아빠가 방금 잡아 온 사냥감을 찾아서 까만 도미노와 호리호리한 여동생, 그리고 남동생이 숲 사이를 뛰어다니는 동안 점박이 사냥개가 덮친 것이다. 으르렁거리는 사냥개 소리에 새끼여우들은 공포에 질려 뿔뿔이 흩어졌다.

그러나 남동생은 제대로 피하지 못했다. 커다란 턱이 새끼여우의 갈비뼈를 물자 우두둑 소리가 났다. 사냥개는 새끼여우를 입에 물고 집으로 향했다. 도중에 몇 번 걸음을 멈추고 새끼여우의 가느다란 뼈를 부러뜨리고 피가 뚝뚝 떨어지는 턱으로 보드라운 털가죽을 씹으면서 사냥개는 결코 자신의 전리품을 내려놓지 않았다. 그리고 농장 안뜰에 도착해서야 비로소 새끼여우를 주인 앞에 내려놓고 칭찬이 떨어지기를 기다렸다.

불행은 꼭 그렇게 겹쳐서 오는 걸까. 이튿날 새벽 다시 사건이 벌어졌다. 아비여우가 오리를 잡아 입에 물고 집으로 돌아오는 길이었다. 갑자기 개 짖는 소리가 요란스럽게 들렸으므로, 아비여우는 지금까지 한 번도 가 보지 않은 곳으로 방향을 틀 수밖에 없었다.

가다 보니 높은 울타리가 쳐진 길이 나왔는데, 오리를 입에 문

채로는 울타리를 넘을 수 없었다. 그래도 아비여우는 차마 오리를 내려놓지 못하고 계속 나아갔다. 개들이 바로 뒤에서 쫓아오고 있었다. 아비여우는 속도를 냈다. 아, 그러나 아비여우가 달려간 곳은 다른 개가 살고 있는 헛간 앞마당이었다. 아비여우는 그곳에서 슬픈 죽음을 맞았다.

그러나 여우 가족이 아는 사실은 아빠가 돌아오지 않는다는 것뿐이었다. 어찌 보면 그편이 나았다. 슬픔을 견뎌야 했지만, 사랑하는 가족의 비극적인 최후를 지켜보는 아픔은 겪지 않아도 되었으니까.

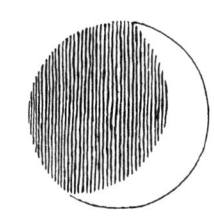

엄마와 새끼 여우들은 사시나무 자라는 강가의 굴에 남겨졌다. 짝을 잃은 어미여우는 겁내지 않고 모든 짐을 떠안았다. 사실 엄마는 자신이 할 일을 다 끝낸 거나 다름없었다. 8월이 되자 새끼여우들은 엄마를 따라 먼 사냥길에 나섰다. 녀석들은 스스로 먹이를 찾기 시작했다.

9월이 되면서 여동생은 어미만큼 커졌고, 까만 털로 덮인 맏이는 어미보다 힘도 세지고 키도 훨씬 더 커졌다. 처음에는 여동생과 오빠 사이에, 다음에는 엄마와 아들 사이에 낯선 감정이 생겨났다. 엄마와 여동생은 몸집도 크고 털도 화려한 도미노 앞에서 주눅이 들더니 마침내는 피하기 시작했다. 엄마와 딸은 한동안 예전처럼 살았다.

그러나 어떤 미묘한 본능의 작용에 따라 여우들을 한 가족으로 묶어 주던 끈은 사라지고 말았다. 세 여우는 같이 있을 때는 서로 가까운 사이처럼 보였지만, 왠지 서로 만나는 것을 피하는 듯했다. 결국 민첩한 몸으로 스스로를 지킬 수 있게 된 도미노는 감미로운 기억과 강물의 노래를 간직한 채, 사시나무 노래하는 강변의 집을 떠났다. 외톨이 여우의 삶이 시작된 것이다.

4

도미노는 사시나무 숲 그늘 너머에 있는 더 크고 거친 세상으로 뛰어들었다. 이제는 먹이를 찾는 일도, 몸을 보호하는 일도 제 힘으로 해내야 했다. 도미노는 대가를 치르면서 배움을 얻었다. 그러는 동안 하루가 다르게 빨라지고, 영리해지고, 아름다워졌다.

어미의 보금자리를 떠나고 얼마 안 되어 도미노는 사냥개의 추격을 받았다. 녀석의 빠른 발이 혹독한 시험대에 오른 것이다. 도미노는 이 시험을 거치면서 발보다 머리가 더 빠를 수 있다는 것을 깨달았다. 그리고 위기의 순간에 도움의 손길을 내미는 친구도 존재한다는 사실을 알게 되었다. 여태껏 날마다 보아 왔지만 이제야 비로소 좋은 친구라는 것을 깨닫게 된 것이다.

사냥개 두 마리에게 쫓기는 동안 도미노는 발이 갈라져 피가 흐를 때까지 바위투성이 언덕길을 맴돌았다. 뜨겁고 건조한 날이었다. 도미노는 있는 힘을 다해서 적들을 제법 멀찍이 떼어 놓고 강으로 향했다. 피가 흐르면서 화끈거리는 지친 발을 물에 담그면 기분이 나아질 것 같았다. 도미노는 물이 얕은 강의 가장자리를 따라 상류로 거슬러 올라갔다. 발에 닿는 차가운 물에 기분이 좋아졌다.

그런데 400미터쯤 걸어갔을 때 가까운 곳에서 적의 소리가 들리는가 싶더니, 뒤를 쫓는 사냥개의 모습이 똑똑히 보였다. 어린 여우는 본능적으로 우거진 덤불 속에 몸을 숨겼다. 그러고는 안전한 피신처에서 사냥개들을 지켜보았다. 적들은 강의 가장자리로 뛰어갔다가 냄새를 잃어버리고는 냄새 흔적을 찾아 위아래로 몇 번 오르락내리락했다. 그러나 결국 아무것도 찾아내지 못하고 어깨를 축 늘어뜨린 채 돌아갔다.

도미노는 물이 발자국과 냄새를 지워 버린다는 사실을 완전히 깨닫지는 못했지만, 추격을 당할 때 강물로 뛰어들면 좋다는 결론을 얻을 수 있었다. 그리고 여러 차례 경험을 바탕으로 이런 느낌을 확인할 수 있었다. 저 아래로 맞은편 강가에는 모래밭이 넓게 펼쳐져 있었다. 그곳에서도 발자국을 남기지 않고 자취를 감출 수 있을 것 같았다.

겨울이 오자 강물의 겉면은 반들반들한 얼음으로 뒤덮였다. 도미노는 자신은 얇은 얼음장 위로 쉽게 달릴 수 있지만, 사냥개는 얼음이 깨져 물에 빠질 수 있다는 것도 알게 되었다.

그러나 가장 큰 도움이 되는 것은 강물이 산을 돌아 나가는 굽이 위 높은 낭떠러지에 있었다. 이 낭떠러지에는 처음엔 넓다가 갈수록 점점 좁아지는 길이 하나 있었다. 나중에는 아주 좁아져서 도미노 혼자 겨우 발을 디딜 정도밖에 되지 않았다. 사냥개가 지나가기에는 너무 좁은 길이었다. 그 길을 따라 계속 돌아가서 가볍게 낭떠러지로 오르면 숲이 나왔다. 다른 길을 거쳐 그 숲으로 가려면 3킬로미터는 돌아야 했다.

마지막으로 도미노는 다른 곳에서 사냥이 잘 안 될 때는 언제든지 강에서 먹을 것을 발견할 수 있다는 사실을 깨달았다. 물가로 밀려온 물고기, 오래전에 죽은 새, 개구리 한 마리 따위였지만, 그래도 먹을 만했다. 도미노의 마음속에는 이런 생각이 자리 잡았다.

'강변은 기분 좋은 곳이야. 곤란한 일이 생기면 무조건 찾아가면 돼.'

강은 도미노의 좋은 친구가 되었다.

도미노의 내면에서 일어난 이러한 모든 변화가 녀석의 삶을 성공으로 이끌어 주었다. 그러나 외면에서 일어난 변화는 녀석을 곤란하게 만들었다. 도미노의 털옷이 옛날 귀족들이 걸치고 다니던 보석 박힌 코트처럼 탐욕스러운 강도의 눈길을 끌었기 때문이다. 도미노의 목숨 값은 다른 여우들보다 열 배나 높았다.

　싸늘한 가을밤은 도미노의 털옷을 더 두툼하고 풍성하게 만들었다. 그리고 어떤 신비한 힘이 그 털에 윤기와 색깔을 더해서 날이 갈수록 더 진하고 반짝거리게 만들었다. 그러다가 도미노의 털에서 마침내 붉은색과 회색이 사라져 버렸다. 이 일을 목격한 사람들은 이렇게 말할 수밖에 없었다.

　"지금까지 변해 온 걸 보면 이 여우의 털은 앞으로 더 아름다워질 것 같아. 이 특이한 새끼여우는 은여우가 될 운명인가 봐!"

　북쪽 지방의 숲을 잘 아는 사람들만이 은여우라는 이름에 어떤 마법이 숨어 있는지 제대로 이해할 수 있다. 은여우는 별개의 종이 아니라 털빛이 아름다운 붉은여우의 변종을 일컫는 말이다. 은여우의 부모는 평범한 붉은여우일 수도 있다.

　그런데 마음씨 좋은 자연은 이따금 특별한 새끼여우에게 갖가지 선물을 쏟아붓는 호의를 베푼다. 아름다운 털옷뿐만 아니라 동족을 능가하는 빠른 속도와 뛰어난 폐활량, 그리고 높은 지능을 주어서 그 위험한 재산을 지키게 하는 것이다. 은여우에게는 이런 모든 힘이 필요하다. 윤기 도는 검은 바탕에 은백색이 섞인 은여우의 아름다운 털은 가장 부드럽고 풍성하고 멋있는 값비싼

모피가 될 수 있기 때문이다.

이런 모피는 같은 무게의 금보다도 몇 배나 비싼 값에 팔릴 수 있다. 그것은 고대 로마 제국에서 황제만이 걸칠 수 있었던 보라색 옷처럼 왕의 자리에나 어울리는 옷이다. 사냥꾼에게 이보다 더 귀한 상은 없을 것이다. 하지만 영리한 머리와 튼튼한 폐와 심장, 힘센 다리가 지키고 있기 때문에 숲에서 이런 보석과 같은 모피를 얻으려면 사냥 기술뿐 아니라 좀처럼 없는 행운까지 따라야 한다.

이렇게 귀한 은여우의 모피에도 등급이 있다. 다이아몬드가 품질에 따라 여러 등급으로 나뉘듯이 은여우의 모피도 마찬가지이다. 그래서 사냥꾼들 사이에서는 등에 검은 십자형 무늬가 있는 은여우부터 검은 바탕에 은백색 털이 섞인 최상급 은여우에 이르기까지 모든 색조를 가리키는 은어가 두루 쓰인다.

여름까지는 은여우의 등급을 거의 알 수가 없다. 어릴 때는 은여우처럼 보이다가 평범한 여우로 자랄 수도 있다. 축복받은 여우의 아름다움이 선명하게 드러나는 것은 겨울이 다가오면서부터이다.

골더 마을에 가을이 깊어 서리가 내리는 추운 밤들이 계속되자, 도미노의 거무스름한 겨울 코트는 하루가 다르게 풍성하고 길어졌다. 커다란 꼬리의 끝 부분은 하얀색으로 탐스럽게 부풀

어 올랐고, 눈 둘레의 검은 띠는 가면을 쓴 것처럼 더 까매져서 주위의 은백색 털과 더욱 선명한 대조를 이루었다. 머리와 목은 윤기 흐르는 검은색 털로 덮였다. 그리고 마치 밤하늘에 흩뿌려진 별들처럼, 머리와 목에 난 까만 털의 끄트머리가 하얗게 반짝이기 시작했다. 11월의 화려한 옷을 걸친 도미노의 모습에서 7월의 거무스름하던 새끼여우의 흔적을 찾기는 힘들었다. 도미노는 이제 위풍당당한 은여우의 겨울옷을 입고 있었다.

5

골더 산에 은여우가 살고 있다는 이야기는 금세 퍼져 나갔다. 도미노는 눈에 띄게 영리하고, 눈에 띄게 멋진 털옷을 입고 있었다. 주크스 씨의 시커먼 사냥개 헤클라(아이슬란드에 있는 화산의 이름:옮긴이)가 숲 속에서 이 은여우를 몇 번이나 맹렬히 추격했다는 이야기도 있었다. 적어도 주크스 집안사람들 말에 따르면 그랬다. 하지만 이웃 사람들은 콧방귀를 뀌었다. 그들에 따르면 은여우는 점박이 사냥개를 놀리고 있었다. 사냥개를 놀리려고 쓸데없이 달리게 하다가 온갖 속임수로 따돌린다는 것이다.

헤클라가 컹컹대는 소리는 누구나 알아들을 수 있었다. 그 소리가 어찌나 크고 굵고 잘 울리는지, 고요한 밤이면 몇 킬로미터

밖에서도 들렸다. 게다가 녀석은 한 번 뛸 때마다 큰 소리를 낼 정도로 자주 짖는 습관이 있었다. 사냥감을 발견했을 때는 물론이고, 제 발자국을 되짚어 돌아오면서도 짖어 댔다.

주크스 씨의 아들들은 헤클라가 참으로 훌륭한 사냥개 중의 사냥개라고 생각했다. 하지만 이웃 사람들은 그 개가 여우는 잡을 수 있을지 몰라도, 도대체 얼마나 큰 기차 화통을 삶아 먹었는지 너무 시끄러운 데다가 다루기 힘들고 포악한 잡종 개에 불과하다고 말했다. 중립적인 사람들은 그 개가 한 번 들으면 결코 잊을 수 없는 특이한 목소리를 지닌, 덩치 크고 민첩하고 사나운 잡종 사냥개라고 했다. 나도 녀석이 헛간에 갇혀서 짖는 소리를 처음 들은 뒤로 며칠 동안은 기묘한 금속성을 띠고 쩌렁쩌렁 울리는 소리가 귓가에 맴도는 듯했다.

그해 가을, 어느 해 질 무렵 골더 산 기슭의 숲 속을 산책하던 나는 멀리서 들리는 똑같은 금속성 소리에 깜짝 놀랐다. 나는 그 목소리를 금세 알아들었다. 규칙적으로 짖는 것으로 보아 헤클라가 무언가를 추격하고 있다는 것도 알 수 있었다. 나는 가만히 앉아 귀를 기울이다가 곧 더 많은 것을 알게 되었다. 나뭇잎이 바스락거리는 소리가 들리더니 곧이어 예사롭지 않은 동물이 뛰는 모습이 보였다. 검은 털의 여우였다.

녀석은 느긋하게 달리다가 통나무 위에 서서 적의 위치를 살피려는 듯 뒤를 돌아보았다. 녀석은 내가 있는 곳에서 50미터쯤 떨어져 있었다. 여우의 습성을 잘 아는 나는 손등을 입에 대고 빨아들여서 큰 소리를 냈다.

여우는 즉시 몸을 돌려 내가 있는 쪽으로 다가왔다. 녀석은 고양이처럼 살금살금 걸어 내게서 20미터 떨어진 곳까지 다가왔다. 그러고는 머리를 꼿꼿이 세우고 꼬리를 우아하게 말아 올리고는 한쪽 발을 든 우아한 자세로 가만히 서 있었다. 쥐나 토끼의 소리가 들려온 곳을 찾는 모습이었다.

아, 얼마나 눈부신 털인가! 아직 어렸지만 녀석의 윤기 흐르는 검은 털은 새하얀 꼬리 끝과 목의 흰 반점, 반짝거리는 노란 눈과 대비되어 더욱 돋보였다. 녀석의 머리와 목둘레는 끄트머리가 은백색으로 빛나는 털 때문에 후광에 둘러싸인 것처럼 보였다. 이보다 더 아름다운 동물이 있을까! 잠시 후 나는 녀석이 유명한 골더 산의 은여우라는 것을 알게 되었다.

나는 미동도 하지 않고 가만히 있었다. 녀석도 마찬가지였다. 녀석은 자기 앞에 사람이 있다는 것을 전혀 눈치채지 못한 듯했다. 하지만 점점 가까워지는 쩌렁쩌렁 울리는 소리로 헤클라가 뒤를 쫓고 있다는 것은 아주 잘 알았다. 녀석은 뒤돌아서 가볍게 달리기 시작했다. 녀석이 고개를 돌리자마자 나는 다시 삑삑 소리를 내서 그 우아한 동물이 취하는 멋진 자세를 지켜보는 즐거

움을 맛보았다. 그러나 그 순간 내 몸이 약간 움직이면서 정체가 드러났고, 은여우는 순식간에 사라져 버렸다.

10분쯤 지났을까? 또 다른 동물이 현장에 나타났다. 녀석은 몇 걸음마다 컹컹대면서 덤불로 뛰어들어, 앞을 가로막는 것들을 헤치며 나아갔다. 볼품없이 크고 턱에는 침이 괴어 있고 눈이 빨간 녀석은 오로지 땅바닥에 난 발자국에만 주의를 기울이며 여우 뒤를 쫓았다. 녀석이 악명 높은 마스티프종의 피가 섞인 잡종 사냥개 헤클라였다. 녀석은 마음 내키면 혼자 사냥에 나서곤 했는데, 지금은 골더 산에서 가장 빠른 짐승을 잡으려 하고 있었다.

그 큰 짐승은 땅바닥 가까이에 코를 대고 킁킁거리며 냄새를 맡았다. 여우 발자국이 방향을 바꿀 때마다 그 뒤를 놓치지 않고 쫓아가는 것이 신기할 정도였다. 여우가 간 길을 이 사냥개가 알아낼 수 있다고 생각하자 어쩐지 으스스했다. 사냥개는 정말로 그랬고, 발자국을 놓쳐서 같은 길로 되돌아온 적이 단 한 번도 없었다.

나는 사냥개를 향해서도 삑삑 소리를 냈다. 그러나 차라리 따개비를 향해 그러는 편이 더 나을 뻔했다. 녀석은 발자국을 따라가다 보면 결국 발자국 주인을 따라잡을 수 있다는 생각밖에 없는 듯했다. 그래서 그게 뭐가 잘못되었단 말인가? 나는 기분 나쁜 빨간 눈과 등줄기를 덮은 억센 털만 보고 그 사냥개를 판단했을 것이다.

　그때 나는 여우 사냥꾼이었고, 여우 사냥개를 사랑해야 한다고 배웠다. 하지만 그날, 지옥문 앞에 있을 것 같은, 지칠 줄 모르는 무자비한 개의 추격을 받던 아름다운 동물의 모습은 독사에게 몸이 친친 감긴 채 숨이 끊어져 가는 아름다운 새를 보는 듯한 느낌을 자아냈다. 그때 그 자리에서는 오랜 전통을 자랑하는 사람과 개 사이의 연대감 따위는 떠오르지 않았다. 그때부터 내 마음은 은여우 생각으로 가득 차 버렸다.

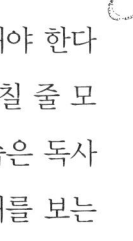

6

　겨울이 오면서 농장 청년들이 틈만 나면 벌이는 여우 사냥이 시작되었다. 개 서너 마리를 이끌고 총을 든 청년들이 말을 타지 않은 채로 하는 사냥이었다. 한번은 한 무리의 사냥개를 끌고 온 사냥대가 도미노의 발자국을 추격한 적도 있었다.

　도미노는 강가에 널려 있는 바위 뒤에 몸을 숨겨서 피할 수 있었다. 녀석은 추격을 당할 때마다 더 많은 것을 배웠다. 도미노는 점점 더 강해졌고, 발자국을 숨기는 데에도 능해졌다. 도미노는 자기 통제라는 또 다른 가르침을 익히고 있었다. 사냥개 짖는

소리에는 여전히 공포를 불러일으키는 마력이 있었지만, 도미노는 이에 저항할 수 있도록 몸과 마음을 단련했다. 힘과 더불어 용기도 점점 커져 갔다.

 도미노는 이제 혼자 사는 여우의 평범한 일상을 누리고 있었다. 여우들은 겨울철에는 굴을 잘 이용하지 않는다. 도미노도 사방이 트인 곳에서 잠을 잤다. 그때마다 목도리로 변하는 큼직한 꼬리와 두툼한 털옷이 추위를 막아 주었다. 또 예민한 감각으로 위험을 미리 감지할 수도 있었다.

 낮 동안 도미노는 햇볕을 쬐며 거의 잠만 잤다. 이는 사실 여우들의 불문율이었다.

 '밤에는 사냥하고 햇빛 아래 잠잔다.'

 해가 지고 땅거미가 깔리면, 도미노는 제 조상들이 그랬듯이 먹을 것을 찾아 나섰다. 이런 습성은 선천적인 본능과 함께 어린 시절의 후천적인 훈련으로 형성된 것이었다.

 야생 동물이라고 해서 칠흑 같은 어둠 속에서도 잘 볼 수 있는 것은 아니다. 야생 동물에게도 빛이 필요하다. 물론 사람보다야 훨씬 더 적어도 되지만, 어느 정도는 빛이 있어야 한다. 정말 캄캄한 곳에서는 야생 동물도 더듬더듬 길을 찾을 수밖에 없다. 야생 동물은 한낮의 쏟아지는 햇살을 좋아하지 않으며, 아침과 저녁 무렵의 어스레한 시간을 틈타서 움직인다. 달빛이 비치거나

눈이 쌓인 날 밤하늘에 별이 많으면 밤새도록 부드러운 빛이 비칠 거라는 사실도 안다. 도미노도 해가 진 뒤 활동하기에 적당한 빛을 안고 사냥에 나서곤 했다.

도미노는 지금 여느 때처럼 맞바람을 안고 종종걸음 치면서, 가끔씩 가던 길을 벗어나 덤불이 우거진 곳을 확인했다. 사냥감이 숨어 있을 만한 곳을 확인하는 것이다. 예전에 먹이를 찾았던 곳은 다시 한 번씩 들르고, 눈에 띄는 기둥이나 둥근 돌덩이, 울타리 모퉁이에도 들러서 다른 여우들이 다녀갔는지 확인했다. 개나 늑대처럼 여우도 한 지역에서 눈에 띄는 모든 알림판에 기록을 남기는 습성이 있다.

그런 다음 녀석은 양쪽을 살펴볼 수 있는 산등성이를 따라 지나가면서 바람에 실려 오는 먹이 냄새를 맡기도 하고, 나뭇잎이나 잔가지 부딪치는 소리에 멈춰 서서 아무것도 아니라는 게 확인될 때까지 꼼짝도 하지 않거나, 고양이처럼 살금살금 기어가서 무슨 일인지 조사해 보기도 했다. 때로는 사방을 둘러보려고 비스듬히 자란 나무에 기어오르거나 높은 바위에 올라가기도 하고, 사정이 여의치 않으면 영양처럼 껑충 뛰어올라 주위를 휘둘러보기도 했다.

한밤의 여행을 하면서 도미노는 개가 지키는 헛간 앞마당도 빼놓지 않고 들렀다. 황야에 정착해서 사는 사람들이 많아지면

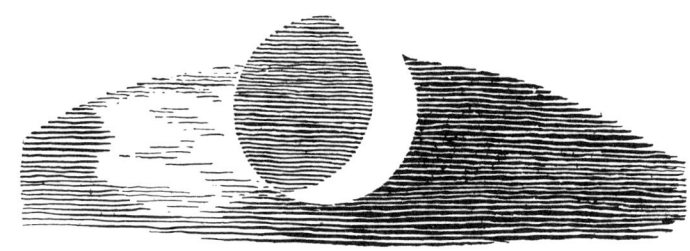

확실히 여우의 수도 늘어난다. 모든 농가가 여우 한두 마리를 먹여 살리는 먹이 창고가 되어 주기 때문이다.

개와 맞닥뜨릴 수밖에 없다는 것을 알면서도 도미노는 이 농장 저 농장으로 가는 길을 잡았다. 농장에 접근하는 방법은 두 가지였다. 우선, 막힌 데가 없어서 안전하게 후퇴할 수 있을 때는 아무 소리도 내지 않고 살그머니 다가간다. 둘째, 개를 피해야 할 때는 일정한 거리를 두고 도전하는 듯한 울음소리를 낸다. 그러다가 개가 달려 나오면 도망을 친다. 아무 기척이 없으면 개가 집 안 어딘가에 들어가 있다는 뜻이었다. 그러면 살그머니 다가가 열려 있는 닭장 같은 곳을 샅샅이 뒤졌다. 물론 가장 좋은 상은 통통한 닭이었다. 목을 물면 닭은 금세 조용해졌다.

하지만 닭에게 던져 준 빵 부스러기나 덫에 걸린 채 나뒹구는 죽은 쥐 같은 먹이에 만족해야 할 때도 많았다. 이따금씩은 돼지 죽통에서 먹이를 찾기도 했다. 몹시 굶주려서 돌아온 탕자처럼 돼지가 먹는 겨로 배를 채운 적도 몇 번이나 있었다.

도미노는 거의 매일 밤 먹을 것을 발견했다. 일주일에 다섯 번만 충분히 먹으면 필요한 만큼 살을 찌울 수 있었다. 겨울은 점점 깊어 갔다.

7

 어떤 야생 동물도 발길 닿는 대로 떠돌아다니지는 않는다. 모든 야생 동물에게는 자기만의 영역으로 여기는 사냥터가 있다. 그들은 자신의 영역을 지키기 위해 싸우며, 같은 종이라도 낯선 침입자에게는 무섭게 화를 낸다.
 많은 관찰 결과, 황야에서 여우의 세력권이 차지하는 범위는 한 지점을 중심으로 5, 6킬로미터에 이르는 곳까지라는 것을 알게 되었다. 그중 어떤 지역에서는 다른 여우와 세력권이 겹칠 수도 있다. 그러나 원래 자리를 잡은 이웃들과는 금세 아는 사이가 된다. 이 경우 여우들은 서로의 모습과 발자국 냄새를 익히고, 서로가 서로의 눈에 띄지 않도록 한다. 하지만 낯선 여우가 자신의 세력권에 모습을 나타낼 때는 상황이 달라진다. 이때는 가장 원초적인 법칙이 효력을 나타낸다.

 '힘이 곧 정의이다.
 도망치지 않으려면 싸움뿐이다.'

 '눈의 달'이 이지러지고 있었다. 도미노는 기운이 넘치고 아름다운 털옷을 걸치고 있었지만, 문득 자기가 너무 외롭다는 생

각이 들었다. 이따금 친구가 있으면 좋겠다는 새로운 갈망이 샘솟을 때면, 도미노는 헛간 앞마당에서 그리 멀지 않은 비탈진 땅에 앉아 개 짖는 소리에 귀를 기울이거나 개들을 불러내서 자신을 쫓게 했다. 그것으로 성이 차지 않으면 달밤에 동산 위에 앉아서 오랫동안 구슬피 울부짖었다. 학자들은 그 소리를 '수여우가 짖는 소리'라고 하지만, 사냥꾼들은 '고독한 울음소리'라고 한다.

얍, 얍, 얍, 얍, 워어어어 요오
얍, 얍, 얍, 얍, 워어어어 요오

도미노는 '굶주림의 달'이 뜬 밤중에는 이런 울음소리를 길게 뽑아냈다. 안으로 삼키기가 너무 힘들어서 밖으로 내뱉은 본능적인 울부짖음이었지만, 도미노는 그래도 혹시 어떤 대답이 들리지 않을까 하고 귀를 기울였다. 외로움을 이렇게 표현하자 더 큰 외로움이 밀려왔다.

때는 사람들이 2월이라고 부르는 달이었다. 매서운 겨울 추위가 조금 풀리면서 남동풍이 부드럽고 촉촉한 기운을 실어 왔다. 신비로운 봄바람은 도미노의 마음속에 숨어 있던 외로움의 불씨에 불을 지폈다. 작은 불씨가 활활 타오르는 불꽃으로 변한 것이다.

   얍, 얍, 얍, 얍, 워어어어 요오
   얍, 얍, 얍, 얍, 워어어어 요오

   도미노는 계속 노래를 불렀다. 경계의 눈초리로 사방을 둘러보던 녀석의 눈에 저 멀리 하얀 들판을 가로질러 사라지는 그림자가 보였다. 도미노는 귀를 쫑긋 세우고 눈을 모았다. 좀 더 가까운 곳에서 또 다른 그림자가 눈 위로 빠르게 움직이는 것을 본 도미노는 쏜살같이 달려서 그 뒤를 쫓았다.
   사람들은 생김새로 이웃을 알아본다. 그리고 겉모습이 조금만 달라져도 잘 알아보지 못한다. 여우에게는 훨씬 더 좋은 방법이 있다. 발자국 냄새와 몸 냄새, 그리고 생김새를 모두 이용해서 이웃을 알아보는 것이다. 이런 것들이 몰라볼 정도로 달라지는 일은 결코 없다.
   심장이 몇 번 뛰는 동안 도미노는 두 번째 그림자의 발자국을 발견했다. 지금까지 한 번도 기대를 배반한 적 없는 도미노의 코가 그것은 쇼밴 강에 사는 여우 블레이저의 발자국 냄새라고 말해 주었다. 블레이저는 오래전부터 이 지역에서 사냥을 했다.
   도미노는 계속 앞으로 나아갔다. 그러다가 또 다른 발자국을 발견했는데, 그것은 첫 번째 그림자가 남긴 것이었다. 순식간에 전의가 솟구쳤다. 낯선 침입자의 발자국이었기 때문이다. 도미노는 재빨리 그 여우를 추격했다. 그러나 낯선 발자국을 쫓으면서 냄새를 맡는 동안 마음속에 들끓던 분노가 서서히 사라지는 게 느껴졌다. 그리고 전혀 다른 감정이 일었다. 이제껏 느껴 온 것보다 더 깊은 외로움이었다.

도미노는 더 열심히 달리기 시작했다. 녀석의 코, 신비로운 능력을 지닌 그 안내자가 이렇게 속삭였던 것이다.

"서둘러! 네가 그토록 열망하던 암여우의 발자국이야."

녀석은 열심히 뒤를 쫓았다. 그러나 눈앞에 나타난 것은 다시 이웃 여우의 발자국이었다. 블레이저도 암여우의 발자국을 쫓고 있었다. 그 발자국을 보자 또 다른 감정이 도미노를 휘감았다. 조금 전만 해도 이웃 여우의 발자국을 무덤덤하게 보아 넘겼는데, 갑자기 이렇게 달라지다니! 도미노는 녀석의 발자국에 엄청난 적개심을 느꼈다. 귀부터 꼬리 끝까지 온몸의 털이 곤두설 정도였다.

도미노는 한참 들판을 달린 뒤에야 두 여우를 따라잡을 수 있었다. 두 여우는 달리기를 하는 것도 싸우는 것도 아닌 듯했다. 둘 사이가 좋은 건지 나쁜 건지도 분명치 않았다. 한 마리는 목 둘레가 우아하게 흰 털로 덮이고 털빛이 붉은 자그마한 몸집의

스노이러프

암여우였다. 암여우가 도망을 치면 블레이저는 재빨리 따라잡았다. 그러면 암여우는 고개를 돌려 녀석을 물었다. 블레이저는 펄쩍 뛰어 물러날 뿐, 되받아서 물려고 하지는 않았다. 두 여우는 이런 식으로 지그재그를 그리며 달려갔다.

둘에게 다가서던 도미노의 가슴속에는 분노와 욕망이 뒤섞인 감정이 폭풍처럼 휘몰아쳤다. 도미노는 어쩐지 자기가 눈앞에 있는 암여우 스노이러프(눈처럼 새하얀 목털이라는 뜻:옮긴이)의 주목을 받을 수 있을 것만 같았다. 도미노는 암여우가 경쟁자보다 자기를 더 많이 피하는 것을 보고도 전혀 낙담하지 않았다. 도미노는 경쟁자를 향해 사납게 으르렁거렸다. 블레이저도 꼬리를 치켜든 긴장한 모습으로 으르렁거리며 무시무시한 이빨을 드러냈다.

두 수여우는 한동안 가만히 서서 서로 노려보았다. 암여우는 그 순간을 틈타 도망쳤다. 경쟁자들은 재빨리 그 뒤를 쫓으며 서로를 위협했다. 그러나 한발 먼저 도망치는 암여우를 따라잡은 것은 도미노였다. 암여우는 달리기를 멈추고 으르렁거렸지만, 그리 사나운 기색은 아니었다. 블레이저는 맞은편에 있었다. 스노이러프와 도미노는 동시에 블레이저를 위협했다.

두 수여우가 맞붙어 싸우기 시작했다. 밑에 깔린 블레이저가 바닥에 누운 채 이빨을 딱딱 부딪쳤다. 도미노는 블레이저를 넘어뜨렸지만 크게 해칠 생각은 없었다. 목털이 눈처럼 새하얀 암여우가 도망을 쳤다. 수여우들은 다시 뒤를 쫓았다. 수여우들은 이제 암여우 양쪽에 붙어서 서로에게 으르렁거렸다.

그러나 암여우의 마음은 결국 용감하고도 아름다운 수컷 쪽으로 기울었다. 세 여우가 빠른 걸음으로 벌판을 가로지르는 동안 암여우는 방향을 조금 틀어서 은여우 쪽으로 다가왔다. 세 여우는 걸음을 멈추고 서로를 바라보았다. 이제는 세 여우가 아니라 한 쌍의 여우와 다른 한 마리 여우가 되었다.

쌍을 이룬 여우 중에 키가 크고 털빛이 검은 여우는 네 다리로 땅을 디딘 채 몸을 꼿꼿이 세우고, 목털을 곤두세우면서 커다란 꼬리를 치켜들었다. 그러고는 나직이 으르렁대면서 하얗게 빛나는 완벽한 이빨을 드러내고 블레이저 쪽으로 걸어갔다. 그 뒤를 스노이러프가 바짝 따라붙었다. 블레이저는 모든 상황이 끝났다는 것을 깨달았다. 블레이저는 풀 죽은 모습으로 발길을 돌려 어디론가 달려갔다.

도미노는 이렇게 짝을 찾아 결혼을 했다. 사실 여우의 결혼도 사람의 결혼과 다를 바 없다. 그리고 이 두 여우를 하나로 맺어 준 신비로운 인도자의 판단은 틀림이 없었다. 도미노와 스노이러프는 서로의 부족한 점을 채워 줄 수 있었다. 이제 하나가 된 두 여우는 두 배의 힘과 재능을 갖추고 장차 닥쳐올 시련에 당당

히 맞설 수 있었다.

8

골더 산 위에 아름다운 봄 햇살이 쏟아지고 있었다. 산비탈에서는 눈이 녹아 밤색 속살이 드러나고, 겨우내 얼어붙었던 강물은 자유를 노래했다. 딱따구리는 요란하게 나무를 쪼아 댔으며, 아직 얼음이 다 풀리지 않은 연못에서도 청개구리들의 합창이 들려왔다.

겨울옷을 다 벗어 버리지 못한 숲 곳곳에서 눈이 녹으면서 앵두처럼 빨간 열매를 단 윈터그린(하얀 종처럼 생긴 꽃이 피고 빨간 열매가 매달리는 상록 관목:옮긴이)이 삐죽 고개를 내밀었다. 윈터그린은 반질반질한 잎을 치켜들고 이렇게 말하는 것 같았다.

"기다리던 계절이 왔어요. 우리는 이 봄을 맞으려고 빨간 열매를 매달았답니다."

자고(메추라기와 몸집이 비슷한 꿩과의 새:옮긴이)와 다람쥐, 그리고 겨울잠에서 일찍 깨어난 우드척(땅굴을 잘 파는 다람쥣과의 동물. 우드척다람쥐라고도 한다:옮긴이)이 '까마귀의 달' 잔치에 모습을 드러냈다. 야생의 삶을 사랑하는 모든 존재가 그 잔치를 마음껏 즐겼다. 어머니 자연은 틈새마다 먹기 좋은 것들을 가득 채웠다.

　숲과 호수에는 구애의 계절이 찾아왔다. 여기저기서 둘이 하나가 되고 새 생명이 탄생하는 이야기가 들려오기 시작했다. 이런 모든 것이 스노이러프와 도미노의 마음에 깊은 울림을 주었다.

　야생 동물들은 오랫동안 이상적인 혼인의 형태를 찾아 왔다. 갖가지 형태의 혼인을 다 시도해 봤지만, 한 가지 외에는 모두 만족스럽지 못했다. 가장 큰 만족을 안겨 준 하나의 방식이 바로 일부일처제이다. 이것은 고귀한 동물들의 결혼 법칙이다. 사랑의 열병은 결국 식지만 다른 유대가 남게 된다. 두 여우가 피워 올린 사랑의 불꽃은 '굶주림의 달'이 기울면서 조금씩 사그라졌지만, 그 뒤에는 오래도록 변하지 않을 유대가 남았다.

　동산 위를 붉게 물들이는 저녁노을은 화강암의 연한 붉은색보다 찬란하게 빛나는 듯이 보인다. 그러나 한순간을 화려하게 장식하고 사라지는 노을빛과 달리 바위의 붉은빛은 언제까지나 영원한 법이다. 사람들은 그 두 가지를 일컬어 사랑과 우정이라고 한다. 아른거리는 붉은빛은 이따금 환하게 타올랐지만, 결국 두 여우의 삶을 물들이는 것은 바위의 연한 색이었다. 도미노와 스노이러프는 부부이자 평생을 함께할 친구가 되었다. 그것이 가장 고결한 동물들의 방식, 여우들의 방식이었다.

　강둑의 눈이 녹아 가느다란 시냇물이 흐르자, 여우 부부는 이리저리 돌아다니며 무언가를 찾았다. 아니, 스노이러프가 찾고 도미노는 그 뒤를 얌전히 따라다녔다고 해야 옳았다. 둘은 골더 산 동쪽의 모래가 많은 지역을 지나갔다. 거기에는 다른 여우들이 남긴 작은 표시들이 있었다. 가장 알기 쉬운 여우의 언어로 이런 뜻이었다.

'침입자는 누구든 싸움을 피하지 못할 것임.'

두 여우는 눈이 두껍게 쌓여 있는 골더 산의 높은 봉우리들을 넘었다. 그러고는 다시 강 쪽으로 나와서 마침내 사시나무 노래하는 강변에 도착했다. 도미노가 어린 시절을 보낸 곳이었다. 작은 암여우는 이곳에서 여행을 끝내려는 것 같았다. 여태껏 찾아 헤맨 것이 바로 여기 있었기 때문이다.

암여우는 두리번거리며 냄새를 맡다가 울창한 개암나무 덤불 속에서 구멍을 파기 시작했다. 땅을 뒤덮은 눈과 낙엽 때문에 구멍을 팔 수 있는 상황이 아닌데도, 스노이러프는 본능이라는 설명할 수 없는 인도자의 손에 이끌려 적당한 장소를 찾아내고 굴을 파 내려갔다. 다른 곳은 모두 단단히 얼어붙은 채 서리로 덮여 있었다. 도미노는 가까운 언덕 위에 앉아서 망을 봤다. 스노이러프가 한 시간쯤 굴을 파다가 밖으로 나오자 이번에는 도미노가 굴을 팠다. 둘은 이렇게 교대로 일했다.

며칠이 지나 굴이 완성되었다. 긴 터널을 타고 내려가면 방이 하나 나오고, 여기에서 다른 터널을 따라 몇 미터쯤 더 들어가면 옆 주머니처럼 생긴 작은 방이 나왔다. 그리고 나서 다시 위쪽으로 방향을 튼 터널이 얼어붙은 땅 바로 밑에까지 뻗어 있었다. 지금은 거기에서 굴 파기를 멈춘 상태였다.

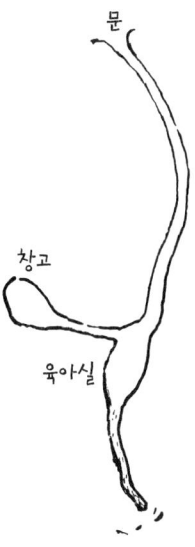

그러나 암여우는 터널 안에서 하루도 빠짐없이 머리 위의 얼어붙은 흙을 긁어냈다. 날마다 조금씩 바깥세상과 가까워졌다. 암여우는 마침내 터널을 완전히 뚫을 수 있었다. 그리고 작년에 자라던 풀덤불에 가려서 잘 보이지 않는 깔끔하고 둥근 출입구를 만들었다. 처음에 만든 입구는 막아 버렸다. 새로 만든 구멍 주위에는 흙이라고는 없었다. 열 걸음 안에서도 구멍을 찾지 못할 정도였다. 구멍은 하루가 다르게 자라는 풀에 덮여 점점 더 보이지 않게 되었다.

먹이도 더 이상 부족하지 않았다. 암여우는 조심성 없이 한밤중까지 돌아다니던 우드척을 잡았지만, 배가 고프지 않아서 옆방의 마른 모래 속에 파묻어 둔 적도 있었다.

여우 부부는 이제 굴 가까운 곳에서는 어느 누구의 눈에도 띄지 않도록 조심했다. 스노이러프는 집으로 이어지는 발자국과 냄새 흔적을 없애기 위해 작은 개울을 100미터쯤 거슬러 올라간 적도 여러 번 있었다. 농장의 청년들이 약 20미터 떨어진 곳을 지나가면서도 통나무 위에 납작 엎드리거나 풀밭에 몸을 쭈그리

고 있는 도미노를 전혀 눈치채지 못한 것도 여러 번이었다. 인간에 대한 은여우의 불신감은 날이 갈수록 더욱 깊어졌다.

하루는 조금 다른 만남이 있었다. 인간이 다가오는 게 보였다. 그러나 사냥꾼은 아니었다. 사냥꾼 아닌 인간에는 몇 종류가 있는데, 그중 하나인 어린아이였다. 아이는 긴 옷을 입고 있어서 다리는 보이지 않고 발만 보였다. 팔에는 바구니를 들고 있었다. 도미노는 겁이 나지는 않았지만 마음이 편치 않았다.

도미노는 눈앞의 아이가 윈터그린 열매를 따는 소녀라는 것을 알지 못했다. 하지만 가까이 다가오는 소녀를 보고도 두렵지 않았다. 도미노는 가만히 서 있었다. 그 순간 깨달음이 왔다. 말 못하는 짐승 특유의 타고난 통찰력이 이렇게 속삭인 것이다.

"이 사람은 우리를 해치지 않아. 친절한 사람이야."

도미노는 낯선 감정에 이끌려 자신의 모습을 다 드러내고 조용히 소녀를 향해 걸어갔다. 소녀도 멈춰 선 채 두려움 없이 신기하다는 듯한 표정으로 여우를 바라보았다. 소녀의 마음에 온기가 피어올랐다. 소녀는 윤기 도는 털을 쓰다듬고 싶었다. 도미노도 소녀가 자기 털을 쓰다듬어 주기를 바랐다. 둘은 서로를 향해 조금씩 다가갔다.

하지만 안타까워라! 새로운 우정은 미처 싹트기도 전에 깨져버렸다. 뒤처져 있던 소녀의 작은 개가 앞뒤 분간 없이 미친 듯이 짖으며 맹렬한 기세로 달려 나온 것이다. 도미노는 무시하는 듯한 태도로 가볍게 뛰어갔다.

열매를 따서 집으로 돌아온 소녀는 윤기 흐르는 털과 부드러운 눈빛을 지닌 여우 이야기를 쏟아놓았다. 하지만 그 이야기를 믿는 사람은 아이들과 노인들뿐이었다. 그들만이 어린아이와 여우를 이해할 수 있는 존재인 것이다.

9

앉은부채(천남성과의 여러해살이풀. 심장 모양의 잎이 커다란 부채를 연상시킨다:옮긴이)와 크리스마스로즈(한겨울부터 이른 봄 사이에 들장미를 닮은 꽃이 피어 크리스마스로즈라고 하지만, 장미과가 아닌 미나리아재빗과 식물이다:옮긴이)는 어느 날 갑자기 피었다가 잊혀졌다. '까마귀의 달'이 가고 '풀의 달'이 다가오면서 노루귀와 얼레지가 봄소식을 실어 왔다. 그 소식을 전해 들은 하늘과 수풀과 땅에는 되살아난 야생의 숨결이 차고 넘쳤다.

스노이러프가 갑자기 변한 것은 그 무렵이었다. 스노이러프는 적을 보듯이 도미노를 피했다. 도미노가 굴까지 따라가려고 하면 스노이러프는 어서 물러나라고 매몰차게 경고했다. 도미노는 당황스러웠다. 하지만 키가 껑충해진 검은 털의 여우는 암여우

의 뜻이 그렇다면 그 뜻을 존중해야 한다는 것을 알고 있었다. 가장 원시적이고 동물적인 수준이기는 해도, 이런 태도 또한 일종의 기사도임에 틀림없다. 도미노는 며칠 굴에서 멀리 떠나 있었는데, 그 며칠 동안 정말 큰 사건이 일어났다.

어느 누가 엄마에게 갓난아기를 사랑하고 보살피고 젖을 물리라고 가르치는가? 어느 누가 엄마의 손을 이끌어 아기를 살포시 안아 올리게 하는가? 엄마에게 아기의 몸을 포근히 품어 주고 온갖 위험에서 보호하라고, 아기의 안전을 위해서라면 목숨까지 버리라고 가르치는 자는 누구인가? 어느 누가 어머니를 가르치는가?

그것은 다른 여성도, 다른 어떤 사람도 아니다. 문명의 혜택을 받지 못한 부족 사회의 어머니도 문명사회의 어머니와 똑같이 행동한다. 어떤 이름으로 부르건, 그 모든 어머니를 가르치는 존재는 작은 암여우에게도 똑같은 가르침을 베풀었다. 출산일이 다가오자 스노이러프는 어두운 굴속에 혼자 남았다. 혼자인 편이 나을 것 같았다. 작은 암여우는 가장 노련하고 현명한 어미가 할 수 있는 모든 일을 혼자 해냈다. 새끼 낳는 일에 대해 아무것도 배우지 못했는데도.

사람들은 작고 볼품없는 '못난이' 새끼여우 다섯 마리가 있다고 말할 테지만, 어미여우에게 새끼들은 가장 경이롭고 소중한

존재였다. 새끼들을 향한 진실하고 가슴 벅찬, 완벽한 사랑이 용솟음쳤다. 새끼들을 보호하고 돌보느라 제 생활이 딴판으로 변해도 아무 상관이 없을 것 같았다.

어미는 시간이 한참 흐른 뒤에야 새끼들 곁을 떠날 수 있었다. 어미여우는 혼자 가까운 개울에 가서 차가운 물을 마셨다. 도미노가 둑에 앉아 지켜보고 있었다. 스노이러프는 귀를 약간 쫑긋했지만 도미노에게는 전혀 관심이 없다는 듯 아무 소리 없이 그대로 지나쳤다. 도미노는 머리를 나뭇잎 위에 얹고 납작 엎드린 채 몸을 웅크렸다.

스노이러프는 굴로 돌아왔다. 그날은 아무것도 먹고 싶지 않았다. 이튿날에는 배가 고팠지만 여전히 사냥하고 싶은 생각이 없었다. 참, 왜 사냥을 해야 하지? 지금까지 새끼를 낳은 어미여우는 모두 이런 어려움을 겪어 왔다. 그래서 암여우의 뇌 깊은 곳에는 뿌리 깊은 본능이 각인되었다. 바로 준비하는 습성이다. 이런 까닭에 스노이러프도 무의식적으로 우드척을 묻어 둔 것이었다. 스노이러프는 우드척을 꺼내 맛있게 먹었다.

이틀 뒤, 다시 먹는 문제에 맞닥뜨린 스노이러프는 굴 입구에서 그리 멀지 않은 곳에 방금 잡은 쥐들이 놓여 있는 것을 발견했다. 아비가 새끼들을 위해 가져다 놓은 모양이었다. 그도 그럴 것이, 쥐를 먹는 것은 어미여우이지만 영양분은 결국 새끼들에

도미노가 둑에 앉아 지켜보고 있다.

게로 흘러가니까. 그날부터는 하루도 빠짐없이 굴 입구나 풀숲, 또는 가까운 나뭇잎 밑에 먹이가 놓여 있었다.

　새끼여우들은 세상에 나온 뒤에도 9일이 지나고 나서야 겨우 눈을 떴다. 그리고 이제는 조금 덜 낑낑거렸다. 어미는 한결 마음이 놓이는지 좀 더 편안히 바깥출입을 했다. 도미노는 스노이러프가 자기를 대하는 태도가 눈에 띄게 누그러졌다고 느꼈다. 그리고 며칠 후에는 도미노도 한 가족이 될 수 있었다.

　도미노에게 전혀 새로운 경험이 시작되었다. 도미노는 언제나 새끼들을 아끼고 귀여워했으며, 새끼들과 함께 지내는 것이 기뻤다. 아비여우 중에는 새끼들을 거들떠보지도 않는 나쁜 아빠도 있고, 어미여우만큼 충실하게 새끼들을 돌보는 좋은 아빠도 있다. 어떤 여우보다도 기품이 넘치는 도미노는 훌륭한 아빠가 되었다. 그해 봄 쇼밴 강에서 스노이러프와 은여우 도미노 사이에 태어난 새끼들만큼 헌신적인 사랑과 보호를 받으며 자란 여우는 아마 다시없을 것이다.

　태어나고 한 달쯤 지난 어느 날, 포동포동 살이 오른 새끼여우들은 처음으로 굴을 벗어나 햇볕 내리쬐는 바깥세상으로 나섰다. 느릿느릿 움직이는 새끼여우들의 모습은 복슬복슬 털이 난 새끼돼지들 같았다. 녀석들은 재빠르지도 아름답지도 않았지만, 보살핌이 필요한 아기들만의 매력이 있었다. 그 새끼여우들을 본 사람은 누구라도 마음이 끌렸을 것이다.

다른 부모들과 마찬가지로 스노이러프와 도미노 털북숭이 새끼들을 볼 때마다 녀석들을 끼고 누워서 품어 주고 쓰다듬어 주고 싶은 마음이 샘솟았다. 또 새끼들을 위해서라면 무슨 일이 닥쳐도 용감히 맞서겠다는 각오를 다졌다.

도미노의 어린 시절에 펼쳐졌던 여우 굴 밖의 풍경이 그대로 되풀이되었다. 새끼들은 하루가 다르게 힘이 세지고 여우다워졌으며, 엄마 아빠의 보살핌은 조금도 부족한 데가 없었다.

쇼밴 강변에서 지내는 나날은 기쁨으로 충만했다. 거기에는 평온한 하늘과 부드러운 산들바람이 안겨 주는 작은 기쁨과 생명력이 안겨 주는 좀 더 큰 기쁨, 그리고 사냥감을 많이 잡은 사냥꾼으로서 느끼는 강렬한 기쁨이 고루 배어 있었다. 물론 날마다 승리의 기쁨을 누리려면 훌륭한 사냥 기술이 필요했다. 그리고 마지막으로 사랑할 대상이 있다는 기쁨이 있었다. 도미노와 스노이러프는 이런 기쁨을 마음껏 누렸다.

하지만 절벽 아래를 내려다보면서 그 아득한 거리를 직접 확인하기 전까지 우리는 자신이 얼마나 높은 곳에 있는지 알 수 없다. 그리고 흥겨운 잔치 마당에는 더러 흥을 깨는 존재가 나타나게 마련이다. 그것이 아무 일 없이 나타났다가 사라지면 다행이지만.

10

어느 날 도미노는 먹이를 가지고 집으로 돌아오고 있었다. 굴 입구에서는 다섯 개의 조그맣고 까만 코와 열 개의 초롱초롱한 눈망울이 도미노, 아니 더 정확히 말하면 도미노가 가져온 먹이를 쳐다보고 있었다.

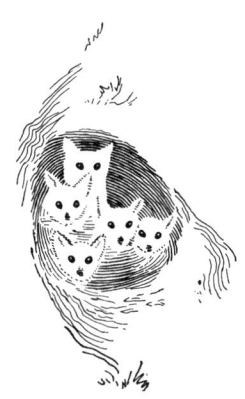

그때 가까운 곳에서 사냥개가 거칠게 짖는 소리가 들려왔다. 도미노는 움찔하면서 나무 그루터기에 올라가 귀를 기울였다. 기분 나쁜 그 울음소리는 오래된 적의 소리가 틀림없었다. 도미노는 무슨 일이 있어도 놈이 이 여우 굴 쪽으로 다가오게 해서는 안 된다는 것을 알았다. 검은 여우는 두려움을 억누르고 사냥개를 향해 뛰어나갔다. 어미여우는 새끼들에게 단단히 주의를 주었다.

다른 때와 비슷했지만 이번에는 더 힘이 들었다. 사냥개 헤클라는 힘도 좋고 움직임도 빨랐다. 사냥개는 스노이러프의 발자국을 보고 멈추어 서 있었다. 그때 도미노가 나타나 도전하듯이 짖으면서 커다란 사냥개를 유인했다. 사냥개와 도미노 모두 혈기왕성했으므로, 추격전은 한 시간 동안이나 맹렬한 기세로 계속되었다.

이만하면 굴에서 꽤 멀리 떨어졌다고 생각한 도미노가 늘 하던 대로 사냥개를 따돌리려고 했지만, 이번에는 그렇게 쉽지 않았다. 헤클라는 많은 것을 배우고 익혀 훌륭한 사냥개로 성장해 있었다. 첫 번째와 두 번째 계략은 모두 실패했다. 도미노는 쇼밴 강이 산을 돌아 나가는 곳에 있는 낭떠러지 위의 좁은 길을 생각해 냈다. 도미노는 인정사정없는 적을 그쪽으로 끌고 갔다.

우연이었을까 아니면 의도한 것일까? 추격은 낭떠러지 가까운 곳까지 계속되었다. 반질반질한 검은 털의 은여우는 강변을 따라 뛰어가고 있었는데, 속도가 조금씩 줄어드는 것 같았다. 헤클라는 가쁜 숨을 몰아쉬며 있는 힘을 다해서 여우 뒤로 바짝 따라붙었다. 둘 사이의 거리는 점점 좁혀졌다. 둘은 넓은 길로 접어들었는데, 그 길은 함정처럼 보였다.

도미노의 속도가 조금 더 느려졌다. 시커먼 사냥개의 눈에 사냥감의 모습이 들어왔다. 둘 사이의 거리는 네 걸음밖에 되지 않았다. 길이 좁아졌다. 사냥개는 더 가까이 따라붙었다. 너무 가까워져서 이제는 다 따라잡은 것처럼 보였다. 한 번만 더 뛰면 점점 느려지는 여우를 잡을 수 있을 것 같았다. 그리고 다시 한 번…….

그때 쫓기던 여우가 좁은 바위턱 위로 사뿐 뛰어올랐다. 하지만 어깨가 벌어진 헤클라는 그대로 돌진하다가 울퉁불퉁한 절벽에 몸을 세게 부딪쳤다. 사냥개의 몸이 튕겨 나가더니 피를 흘리

면서 아래로 떨어졌다. 그 밑에는 얼음처럼 차가운 강물이 흐르고 있었다. 검은 털빛의 여우는 강물에 떨어지는 사냥개의 모습을 지켜보았다.

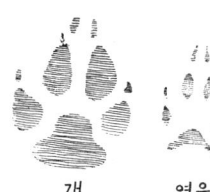
개   여우

쇼뱀 강은 여름철에도 물살이 세차다. 봄에는 물살이 소용돌이를 그리면서 흘러간다. 아무리 체력이 강한 사냥개라 해도 이런 물살에 빠지면 어쩔 줄을 모를 것이다. 심한 상처를 입은 헤클라는 살아남으려고 필사적으로 몸부림쳤다. 녀석은 사나운 물살에 3킬로미터나 휩쓸려 내려갔다. 강물은 굽이치며 흐를 때마다 콸콸거리는 소리를 냈다. 사냥개는 물살에 떠밀려 삐죽삐죽한 바위에 부딪치고 소용돌이 밑으로 처박히다가 간신히 강둑으로 올라갈 수 있었다. 다리를 제대로 가누지도 못하는 비참한 몰골이었다.

그날 밤 헤클라는 집으로 돌아가지 못했다. 그리고 그해 봄부터 여름까지는 여우 추격에 나설 수도 없었다. 다섯 개의 조그만 까만 코, 열 개의 초롱초롱 빛나는 동그란 작은 눈은 날마다 아무 두려움 없이 굴 입구로 나왔다. 모든 것을 알고 모든 일을 할 수 있는 아비여우가 지켜 주었기 때문이다. 사시나무 노래하는 강변의 여우 굴에는 평화만이 깃들어 있었다.

11

 여름이 한창인 지금, '장미의 달'이 눈부신 아름다움을 뽐내고 있었다. 새끼여우들은 놀라울 정도로 무럭무럭 자랐다. 그 가운데 둘은 푸르스름한 잿빛이 도는 까만 털로 자신의 혈통을 드러내고 있었다. 그리고 앞으로 얼마나 힘센 여우가 될지도 일찌감치 보여 주었다. 스노이러프와 도미노는 이제 새끼들 스스로 잡아서 죽일 수 있도록 살아 있는 사냥감을 집으로 가져왔다.

 도미노와 스노이러프에게는 하루하루가 새롭고 신기한 모험, 그리고 폐와 근육이 얼마나 튼튼한지 알아보는 시험의 연속이었다. 둘은 사냥할 때마다 새로운 기술을 익히고, 지금까지 배운 기술을 시험했다. 거의 날마다 목숨이 위태로울 만큼 위험한 상황이 벌어졌지만, 이 일은 도미노를 전보다 더 힘세고 영리하고 빨리 달릴 수 있게 만들어 주었다.

 골더 산의 높은 지대에는 우드척이 많이 살고 있었다. 어느 날 도미노는 그곳 풀덤불 사이에서 우드척을 찾고 있었다. 갑자기 이상한 냄새가 나서 주위를 둘러보니 풀밭에 납작 엎드려 있는 커다란 동물이 보였다. 몸은 불그스름한 빛이 도는 밝은 밤색이었고 군데군데 하얀 점이 있었다.

 '황야에서 만나는 자는 친구가 아니다.'

황야에서 만나는 자는 친구가 아니다.

도미노는 본능적으로 그 자리에 얼어붙어서 낯선 동물을 바라보았다. 상대가 공격해 오면 옆으로 뛸 생각이었다. 하얀 점이 많은 그 불그스름한 동물은 머리를 바닥에 붙인 채 죽은 듯이 누워 있었다. 반짝이는 둥글고 큰 눈이 겁에 질려서 도미노를 바라보고 있었다.

쇼밴 강 유역에는 사슴이 몹시 드물어서 거의 눈에 띄지 않았다. 사슴을 한 번도 본 적이 없는 도미노는 그런 동물이 있다는 것도 몰랐다. 하지만 도미노는 분명히 느낄 수 있었다. 몸을 옹크린 새끼사슴이 자기보다 더 큰 두려움에 떨고 있다는 것을.

긴장이 가라앉자 도미노는 호기심이 일기 시작했다. 녀석은 새끼사슴 쪽으로 한 발짝 다가갔다. 사슴은 숨을 쉬지도, 눈을 깜빡거리지도 못했다. 한 걸음 더 다가갔다. 한 번만 크게 뛰면 닿을 수 있는 거리였다. 그래도 새끼사슴은 죽은 듯이 엎드려 있었다. 도미노는 다시 한 걸음 다가가 사슴이 한눈에 내려다보이는 곳에 멈추어 섰다. 새끼사슴이 긴 다리로 벌떡 일어서더니 애처로운 소리로 울었다.

"매, 매, 매애, 매애."

새끼사슴이 어색한 몸놀림으로 풀숲을 뛰어넘었다. 도미노도 재미 반 호기심 반으로 같은 곳을 뛰어넘어 뒤를 쫓았다. 새끼사슴은 여전히 "매, 매애." 하고 울고 있었다.

갑자기 멀지 않은 곳에서 거칠게 발을 구르는 소리가 나더니, 순식간에 어미사슴이 뛰어왔다. 어미사슴은 등의 털이 곤두서 있었다. 눈은 초록빛을 띠고 사납게 번뜩였다. 도미노는 이 상황이 늘 되풀이되는 위험의 한 종류라는 것을 금세 알아차렸다. 도미노는 뛰어서 달아났다. 그러나 어미사슴은 성난 콧김을 지나칠 정도로 내뿜으며 날카로운 발굽을 힘차게 구르면서 도미노를 뒤쫓았다. 몸집이 도미노의 열 배나 되는 암사슴은 바람처럼 달려왔다.

도미노를 따라잡은 암사슴이 도미노를 향해 앞발을 뻗었다. 도미노는 가까스로 몸을 비켜 피할 수 있었다. 암사슴은 다시 덤벼들었고, 도미노는 다시 민첩하게 옆으로 뛰어서 발길질을 피했다. 악에 받친 어미사슴은 끝까지 도미노를 추격했다. 어미사슴은 새끼사슴이 한 군데도 다치지 않고 안전하다는 것으로는 만족할 수 없었다. 여우가 새끼를 해치려 했다고 생각하고 여우를 죽이기로 작정한 것이다.

암사슴은 나무딸기와 풀덤불 주변을 뛰어다녔다. 지치기는커녕 점점 더 힘이 솟구치고 화가 치솟는 것 같았다. 여우의 앞길을 가로막는 나무딸기도 사슴의 육중한 몸에는 아무것도 아니었다. 나무딸기만 아니었어도 도미노는 암사슴의 맹렬한 추격을 즐길 수 있었을 것이다. 둘은 반 시간 정도를 계속 달렸다.

도미노는 백 번의 공격을 용케 피하다가 한 번만 실패해도 목숨을 잃을 처지였다. 저 억센 발굽에 한 번만 얻어맞으면 꼼짝없이 당할 수밖에 없었다. 따라서 조금이라도 빨리 안전한 곳으로 피해야 했다. 나무딸기 수풀 가장자리로 뛰어간 도미노는 넓게 트인 곳으로 달려 나갔다. 도미노는 죽을힘을 다해 달렸다. 암사슴이 바로 뒤에서 쫓아오고 있었다. 암사슴의 앞발이 몸을 찍어 누르려는 순간, 도미노는 간신히 울창한 숲으로 피할 수 있었다.

암사슴은 애꿎은 나무만 발로 찬 꼴이었다. 도미노는 나무줄기 사이에 몸을 숨기고서 기분 나쁜 암사슴과 울보 새끼사슴을 마음 편히 조롱할 수 있었다. 이번 사건은 낯선 짐승은 모두 적이라는 교훈을 남겼다.

12

어떤 사람은 모피를 얻으려고, 어떤 사람은 피해를 주는 짐승들을 죽이려고 덫을 놓는다. 또 어떤 사람은 아무 차이도 모르고 덫을 놓는다. 게으름 때문인지 무지 때문인지는 모르지만, 일 년 내내 똑같은 자리에 덫을 놓아두는 사람도 있다. 벤턴 씨의 두 아들이 그랬다. 벤턴 형제는 덫에 대해 거의 아는 게 없어서 늘 덫의 바닥판에 미끼를 묶어 두는 따위의 실수를 저지르곤 했다. 조금이라도 여우다운 여우라면 이런 덫을 우습게 보기 마련이다.

벤턴 형제가 놓은 덫 주변에는 여우라면 다 알아차릴 수 있는 세 가지 확실한 경고가 있었다. 바로 쇠붙이 냄새와 사람 손의 냄새, 그리고 사람 발자국 냄새였다. 발자국 냄새는 곧 사라졌지만, 냄새가 다 사라질 만하면 벤턴 형제가 찾아와서 덫을 손보며 다시 냄새를 묻히곤 했다. 쇠붙이 냄새는 계속 남았는데, 비라도 내리면 더 심해졌다.

도미노는 자기 영역 안에 묻혀 있는 덫을 모조리 찾아낼 수 있었다. 낮이든 밤이든 도미노는 덫이 묻혀 있는 곳을 벤턴 형제보다도 더 정확하게 파악하고 찾아갈 수 있었다. 길을 가다가 근처에 덫이 있으면, 도미노는 안전한 거리에서 덫을 바라보며 이렇게 비웃곤 했다.

"바보 같은 놈들이 이 많은 먹이를 버리면서 되지도 않을 일을 벌이는군!"

벤턴 형제의 덫이 얼마나 터무니없는가 하면, 미련퉁이 우드척이나 멍청이 토끼에게조차 비웃음을 살 정도였다. 그랬다. 도미노는 덫을 경멸하면서도 근처를 지날 때마다 반드시 하는 일이 있었다. 가던 길을 멈추고 덫을 조사한 뒤, 근처의 돌멩이나 나무 그루터기 따위에 다녀간다는 기록을 남기는 것이었다.

버드 벤턴이 덫 놓는 요령을 새로 알게 된 것은 그 무렵이었다. 북쪽 지방에서 온 어느 늙은 나무꾼이 비버 향, 아니스(미나리과의 한해살이풀. 이 풀의 씨에는 향료로 쓰는 아네톨 성분이 들어 있다:옮긴이) 씨, 로듐(은백색을 띠는 단단한 희귀 금속:옮긴이), 낚시할 때 미끼에 바르는 기름 따위를 섞어서 만든 메스꺼운 냄새가 나는 물약을 준 것이다. 그 나무꾼은 비밀스러운 주문과 의식으로 약효를 더욱 강화했다면서, 이 마법의 약 몇 방울만으로도 근처의 여우를 모두 끌어모아서 경계심을 풀어 버리고 어떤 종류의 함정에라도 빠뜨릴 수 있을 거라고 했다.

버드 벤턴은 그 물약을 자기가 놓은 모든 덫에 뿌렸다. 사람에게는 멀리서 들리는 희미한 소리나 작고 나직한 목소리 정도로 느껴지는 냄새가, 여우에게는 천둥 치는 소리나 오케스트라의 웅장한 연주로 느껴질 수도 있다. 여우의 코가 아주 예민하기 때문이다. 사람에게는 메스꺼운 냄새라고 해도 여우에게는 장미 향이나 유향(감람과 식물인 유향나무의 진을 말려서 만든 물질로, 약재와 향료로 쓴다:옮긴이), 아라비아의 몰약(감람과 식물인 몰약나무의 진을 말려서 만든 물질로, 약재와 향료로 쓴다:옮긴이)만큼 좋은 냄새일 수도 있다.

버드 벤턴의 옷에 그 물약이 튀어서 냄새가 나자, 집 밖에서는 말들이 코를 킁킁거리고 집 안에서는 벤턴 영감이 냄새가 고약하다며 아들을 식탁 끄트머리로 보냈다. 그러자 냄새가 약해져서 그럭저럭 참을 만했다.

그러나 도미노의 예민한 감각에는 바람에 실려 온 그 약의 냄새가 큰불이 났을 때 뭉게뭉게 피어오르는 검은 연기만큼이나 확실했다. 소리로 치면 나팔 소리나 폭포수 쏟아지는 소리 같아서, 냄새나는 곳을 금세 찾아낼 수 있었다. 물약 냄새가 온 세상에 진동했지만, 도미노에게는 조금도 메스껍지 않았다.

도미노는 기분이 좋아졌다. 등불이 어둠 속에서 길 잃은 나그네를 이끌듯이, 요정의 노랫소리가 숲의 몽상가들을 유인하듯이, 그 냄새는 어서 오라고 도미노를 꾀었다. 밤 사냥을 떠나던 도미노는 코를 들어서 바람의 방향과 세기를 확인하고는 그 냄새 쪽으로 달려갔다.

2킬로미터쯤 달려가자 도미노가 잘 알고 있는 장소가 나왔다. 사람의 손과 발자국 냄새, 그리고 쇠붙이에서 나는 냄새가 한꺼번에 코를 찔렀다. 덫에 묶인 닭의 머리도 미안하다는 듯이 희미한 냄새를 풍겼다. 도미노는 자기가 이곳을 얼마나 경멸했던가를 떠올렸다.

하지만 지금은 모든 것이 변해 있었다. 불타오르는 저녁놀은 강둑의 진흙을 아름다운 빛으로 물들이고, 파리한 강물 같은 구름을 보랏빛과 황금빛으로 반짝이는 아름다운 산맥으로 바꾸어 놓을 수 있다. 이와 마찬가지로 점점 강력해지는 새로운 마법의 힘은 도미노의 콧구멍을 지나 영혼까지 파고들었다. 그러고는 영혼의 조종간을 잡고 경계심을 허물어뜨렸다.

칠흑같이 까만 코를 이리저리 움직여 냄새를 맡던 도미노는 바람을 거슬러 천천히 다가갔다. 그것은 마취제처럼 도미노의 감각을 누그러뜨리고 혈관을 얼얼하게 했다. 이 얼마나 격한 떨림인가! 그 냄새는 힘들게 달리고 난 뒤의 휴식을, 추운 날의 온기를, 짝짓기를, 굶주린 목구멍으로 흘러드는 신선하고 뜨거운 피를, 그리고 일찍이 알지 못했던 많은 것을 떠올리게 했다. 그것은 아편쟁이가 처음 느끼는 황홀감, 점잖은 사람을 순식간에 술주정뱅이로 변화시키는 독한 술 한 모금과 같았다.

도미노는 콧구멍이 벌렁거렸고, 가슴은 마구 두방망이질 쳤다. 도미노는 거칠게 숨을 몰아쉬면서 반쯤 눈을 감고 놀라운 냄새의 마법사를 향해 천천히 다가갔다. 이제 도미노는 숨겨진 덫 위에 있었다. 도미노도 그것을 알고 있었다. 아니, 정확히 말해서 전에는 알고 있었다.

그러나 지금 도미노는 완전히 황홀감에 빠져 있었다. 이상한 동작은 자제력이 사라졌다는 증거였다. 도미노는 그 존재에게 더 가까이 가서 그것을 소유하기를 간절히 원했다. 도미노는 그 속에서 뒹굴고 싶었다. 도미노는 야릇한 몸짓으로 고개를 꼬았다. 더러운 땅에 아름다운 목을 누이고, 귀한 털옷을 오물에 비비고, 썩은 고기가 널려 있는 땅 위를 뒹굴고 기어 다녔다. 도미노는 더없이 아름다운 꿈을 꾸고 있었다.

그런데 한창 꿈속을 헤매는 도미노의 귀에 '찰칵!' 소리가 들렸다. 무자비한 쇠 턱이 도미노의 등을 문 것이다. 은빛이 도는 검은색의 귀한 털옷이 덫에 걸려 있었다.

도미노는 깨어났다. 황홀경은 사라졌다. 그리고 쫓기는 짐승의 본능이 온전히 되살아났다. 도미노는 몸을 벌떡 일으켰다. 유연한 척추를 죽 펴자 쇠 턱이 견디지 못하고 튕겨 나갔다. 너무 넓적한 부위를 물었던 것이다. 도미노는 자유를 되찾았다. 발을 물렸다면 도미노의 운명은 달라졌을 것이다. 하지만 도미노는 무사했다. 도미노는 콧구멍 속의 냄새를 날려 보내고는 맞바람을 안고 다시 저녁 사냥에 나섰다.

마음 약한 여우라면 이 사악한 마법사에게 다시 돌아와, 결국은 죽음의 신 앞에서 무릎을 꿇을 것이다. 그러나 도미노는 그 유혹 뒤에 얼마나 두려운 존재가 숨어 있는지를 알게 되었다.

그날 이후 그 마법의 냄새는 쇠 턱의 치명적인 마수를 떠올리게 하는 주술이 되었다.

13

여우는 벤턴 영감의 닭을 계속 훔쳐 갔다. 두 아들은 그것을 막지 못했고, 마침내 벤턴 영감은 화가 머리끝까지 치솟았다. 벤턴 영감은 "내가 너희들만 했을 때는……"으로 시작해서 경멸하는 말투로 두 아들을 꾸짖었다. 나아가 덫 놓는 사람의 자세 따위의 이야기를 다시 꺼내며 젊은 시절의 무용담을 늘어놓기도 했다.

덫을 앞마당 근처에 놓아서는 안 된다. 애꿎은 암탉이 죽어 나가거나 개, 고양이, 돼지 따위들이 다칠 수 있기 때문이다. 덫을 놓는 사람은 집에서 멀리 떨어진 숲에서만 솜씨를 발휘해야 한다. 물론 이런 것들은 벤턴 형제도 익히 잘 알고 있었고, 지금까지 실천해 왔다.

하지만 이번에는 벤턴 영감이 직접 덫을 놓겠다며 돌아다녔다. 그러면서 벤턴 영감은 덫 놓는 방법을 획기적으로 변화시켰다. 그리고 이런 변화를 통해 도미노를 확실히 농장에서 몰아낼 수 있을 거라고 생각했다. 첫째, 벤턴 영감은 덫을 모두 들어 올린 다음 삼나무 연기를 쐬어 쇠붙이 냄새를 없앴다. 둘째로는 마법의 냄새를 제거했다. 벤턴 영감은 말했다.

"가끔 쓰면 효과가 있지. 하지만 지금처럼 하다가는 당장 바보 같은 놈들은 몰라도 똑똑한 놈들은 절대 잡을 수 없어. 냄새의 정체를 금방 알아챌 테니까. 오히려 그 냄새가 여우 덫이 여기 있소, 하고 알려 주는 꼴이 되는 거야. 언제 어디서나 모든 여우에게 통하는 확실한 마법의 냄새는 하나뿐이야. 바로 신선한 닭의 피지."

벤턴 영감은 이미 냄새가 배어 있는, 잘 알려진 장소에서 덫을 꺼내 미리 흙 속에 묻어 두었다. 그러고는 덫 놓을 곳에서 사방으로 1.5미터 떨어진 곳에 닭고기를 몇 조각씩 던져 놓고 삼나무 가지로 발자국을 지웠다. 그리고 덫을 놓았다.

며칠 밤이 지난 뒤, 도미노가 그곳에 나타났다. 닭고기 냄새를 맡고 200미터나 쫓아온 것이다. 도미노는 호되게 당한 옛 기억이 떠올라 천천히 기어서 다가갔다. 그리고 콧구멍을 벌름거리면서 모든 감각을 열어 놓고 바람을 거슬러 움직였다. 분명 닭고기 냄새였다. 쇠붙이 냄새나 사람 발자국 냄새는 없었지만, 매캐한 연기 냄새가 살짝 풍겨 왔다. 연기를 피울 수 있는 동물은 사람뿐이다. 구미가 당기는 닭고기 조각들은 다른 사냥꾼이 떨어뜨린 것 같았다. 도미노는 옆으로 가서 닭고기 냄새를 맡다가 연기 냄새가 풍기자 뒤로 물러섰다.

망설이는 동안 바람의 방향이 바뀌었다. 연기 냄새가 모두 사라졌다. 군침 돌게 하는 닭고기 냄새만이 바람결에 전해졌다. 도미노는 세 걸음 더 다가갔다. 오, 야생 동물의 수호천사여! 어서 그대의 소임을 다하라. 도미노는 이쪽저쪽으로 코를 킁킁거리며 냄새를 분석했다. 사람 냄새는 없었다. 당장 필요한 좋은 먹이의 냄새만 났다. 며칠 동안 먹고 굴에도 가져갈 수 있는 많은 양이었다.

그러나 조심하라고 경고하는 독한 연기 냄새가 다시 희미하게 풍겨 왔다. 도미노는 경고를 받아들이기로 하고 천천히 옆으로 피했다. 그리고 울퉁불퉁한 곳이나 고기 조각 근처가 아닌 평평하고 안전한 땅에 날렵한 발을 조심스럽게 내려놓으며 뒷걸음질 치기 시작했다. 바로 그때, '철컥' 하는 소리가 났다. 덫에 걸린  것이다. 이번에는 덫을 무용지물로 만드는 널찍한 등이 아니라 발이 걸렸다. 그것도 제대로 걸렸다.

도미노는 뛰어도 보고 잡아당겨도 보았지만 헛수고였다. 그 밉살스러운 것을 이빨로 물어뜯어 보았지만 역시 소용이 없었다. 강철 턱은 도미노의 발을 단단히 물고 점점 더 깊이 살을 파고들었다. 갖은 애를 써도 몸만 지칠 뿐, 시간이 지날수록 덫은 더 깊숙이 박혔다. 벗어나리라는 희망도 없이 힘만 빼면서 몸부림치는 사이에 시간은 자꾸 흘러갔다.

도미노는 하루 종일 고통으로 숨을 헐떡거리며 기진맥진 누워 있었다. 그러다가 조금이라도 힘이 나면 덧없이 화를 내기도 하고, 차갑고 단단한 쇠붙이를 씹기도 하고, 입이 닿는 곳에 있는 식물을 이빨로 잡아 뜯기도 했다. 그러다가 다시 몸부림치며 덫을 잡아당겼다. 누가 와 주었으면 하다가도, 한편으로는 누가 올까 봐 두려웠다. 이대로 죽었으면 싶다가, 죽는 게 두렵기도 했다. 그러다가 다시 희망을 품어 보았다.

그러나 이제 절망의 나락에서 도미노의 타는 듯한 두 눈에는 어둠이 드리워졌다. 오! 야생 동물의 수호천사여, 도와주오! 왜 이런 고통을, 왜 이런 끝없는 죽음을 겪어야 하는가? 갑작스런 죽음은 모든 야생 동물의 타고난 운명이다. 긴긴밤은 그렇게 느릿느릿 흘러갔다.

이른 새벽, 발자국 소리가 들렸다. 두려움과 희망을 동시에 불러일으키는 소리였다. 사람일 수도 있고 스노이러프일 수도 있었다. 스노이러프라면 무엇이든 해 줄 것이다. 적어도 옆에 있어 줄 수는 있을 것이다. 흙투성이로 고통과 좌절에 빠져 몸을 웅숭그리고 있던 여우는 한때는 윤기 흘렀던 머리를 들어 소리 나는 쪽을 바라보았다. 하지만 모습을 나타낸 것은 사람도, 암여우도 아니었다. 그것은 또 다른 두려움의 대상인 암사슴과 새끼였다. 도미노는 죽은 듯이 엎드려서 암사슴이 자신을 못 보고 지나치기를 바랐다. 그러나 암사슴은 눈도 코도 모두 예민했다.

암사슴은 콧김을 뿜으면서 원을 그리며 돌았다. 암사슴은 목

과 몸통, 엉덩이까지 온몸의 털을 곤두세웠다. 섬뜩한 초록색 눈빛은 오로라처럼 빛났다. 암사슴은 도미노를 향해 돌진했다. 도미노는 사슬을 끝까지 당겨서 재빨리 몸을 피했지만, 그게 끝이었다. 암사슴도 그 사실을 아는 것 같았다. 이제 드디어 적의 숨통을 끊을 수 있게 된 것이다.

암사슴은 한시라도 빨리 도미노를 짓밟고 싶었다. 너무 쉽게 찾아온 승리에 도취한 암사슴이 독뱀을 짓밟을 때처럼 있는 힘을 다해 도미노를 내리밟으려고 높이 뛰어올랐다. 사슴의 발굽이 다가오고 있었다. 아무리 사슬을 잡아당겨 봐도 도망칠 방법이 없었다.

온몸의 체중과 힘이 실린 암사슴의 뾰족한 발굽이 여우를 겨냥했지만 빗나가고 말았다. 그리고 우연하게도 끔찍한 덫의 용수철을 때렸다. 순간 강철 턱이 벌어지면서 도미노는 풀려났다. 녀석은 남아 있던 힘을 짜내서 뛰어가 산울타리처럼 빽빽한 덤불을 통과했다. 암사슴도 쫓아왔지만 덤불이 너무 높아 뛰어넘을 수 없었다. 도미노는 지쳐 있었지만, 암사슴이 낮은 곳을 찾아 돌아올 때마다 요리조리 빠져나갔다. 새끼사슴이 새된 소리로 어미를 부르며 울었다. 도미노는 다리를 절며 천천히 집으로 돌아갔다.

어리석은 자를 가르치려면 여러 차례 꾸짖어야 한다. 그러나 현명한 자에게 지혜를 더하려면 단 한 번의 꾸짖음만으로 충분하다. 도미노에게는 두 번의 쓰라린 교훈으로 충분했다. 그 뒤로 살아 있는 동안 도미노는 모든 쇠붙이와 사람 냄새를 피했다. 또한 낯선 것은 적이라고 생각했으며, 낯선 냄새에서는 죽음의 그림자를 읽었다.

14

그해 초여름의 어느 날, 도미노는 세 다리에 의지한 채 산기슭 위쪽에 자리 잡은 농가 주변을 어슬렁거리고 있었다. 숲에 거의 잇닿아 있는 과수원과 채소밭이 딸린 오래된 농가에는 울타리가 쳐져 있었다. 그곳은 사람 눈에 띄지 않고도 접근하기가 쉬웠다. 도미노는 이리저리 돌아다니며 냄새를 맡아 모든 정보를 수집한 뒤 한 가지 꾀를 냈다. 암탉이 울타리에 뚫어 놓은 구멍을 통해서 길게 이어진 채소밭으로 들어가기로 한 것이다.

처음에는 감자 덩굴이 나오고, 다음에는 커런트(까치밥나무과의 떨기나무. 블랙커런트, 레드커런트 등이 있으며 열매로 잼이나 젤리를 만들기도 한다:옮긴이) 덤불과 나무딸기 덩굴이 나왔다. 도미노는 조심스레 덤불을 헤치고 나아가다가 검은색으로 반짝이는 아주 작은 물체를 발견했다. 도미노는 꼼짝 않고 서서 그것을

바라보다가 그 정체를 확인할 수 있었다. 둥지 위에 앉은 칠면조의 눈이었다.

여우는 꼬리와 등 사이 꼬리 밑동의 털이 약간 뻣뻣한데, 이 부분을 보면 여우의 마음을 읽을 수 있다. 이 부분의 털은 여우마다 색깔이 다르다. 도미노는 검은 털이 나 있었다. 도미노가 맛있는 사냥감을 코앞에 두었을 때 유일하게 변화를 보이는 곳이 이 부분이었다. 지금 바로 그곳의 털이 곤두섰다.

잠시 사냥감을 살피는 동안, 또 다른 소리가 들렸다. 고개를 돌리자 바구니를 든 사람이 보였다.

소녀가 나무라듯이 말했다.

"여우야, 나쁜 짓 하면 안 돼!"

무슨 말인지는 몰랐지만, 위험하다는 느낌은 들지 않았다. 도미노는 몸을 돌려 소녀를 마주 보고 머리를 갸우뚱한 채 가만히 서 있었다. 소녀는 조용조용 걸어왔다. 도미노는 조금 뒤로 물러났다. 소녀는 도미노를 만지고 싶어 했다. 그러나 지금은 사람의 집이 바로 옆에 있어서 도미노는 마음을 놓을 수 없었다. 소녀는 바구니에서 무언가를 꺼내 여우에게 던져 주었다. 도미노는 냄새를 맡았다. 훌륭한 먹이였다. 도미노는 그것을 물고 조용히 사라졌다.

그날 밤 소녀가 물었다.

"아빠! 숲에서 알을 품는 칠면조가 있다면, 어떻게 해야 여우를 다치지 않으면서 둥지에서 쫓아 버릴 수 있을까요?"

"주변에 쇠붙이를 늘어놓으면 되지. 그러면 어떤 여우도 다가가지 않을 테니까."

그때부터 채소밭의 소녀는 쇠사슬, 부러진 쟁기 보습, 편자를 모으기 시작했다. 그러고는 이 우정, 노동, 행운의 상징을 둥지 주변에 놓아두었다.

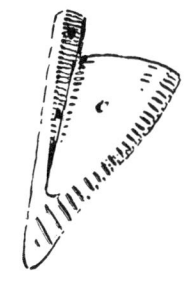

며칠 뒤, 도미노가 칠면조를 잡으려고 돌아왔다. 도미노는 정말 인간에게 적대적인 짓을 할 생각은 눈곱만큼도 없었다. 여느 때처럼 모든 게 순조로웠다. 그러나 칠면조가 여우의 출현에 놀라기 직전, 은여우의 눈과 코가 동시에 쇠붙이들을 발견하고 경고를 외쳤다. 도미노는 흠칫 뒤로 물러났다가 반대쪽으로 접근했다. 그쪽에도 악의를 번뜩이는 쇠붙이들이 있었다. 경고의 속삭임이 들렸다.

"돌아가라!"

도미노는 돌아갔다. 소녀의 지혜였다. 그런데 이튿날 아버지가 말했다.

"오늘 아침에 보니 감자 덩굴 사이에 새로 여우 발자국이 나 있더구나."

쇠붙이에 속은 도미노는 칠면조를 털끝 하나 건드리지 않았다. 그 대신 녀석은 다른 사냥감을 발견했다. 둥지에 앉은 암탉이었다. 도미노는 단숨에 암탉의 목을 물어 죽였다. 암탉을 채어 가다 보니 달걀 더미가 눈에 들어왔다. 녀석은 닭을 숲으로 가져가 나뭇잎 더미에 묻어 두고는 다시 돌아왔다. 그러고는 달걀을 하나씩 가져가서 다른 곳에 숨겨 두었다.

먹이를 숨겨 둔 곳에는 자기 냄새를 묻혀서 표시를 했다. 그러면 나중에 먹이가 있는 곳을 쉽게 찾을 수 있다. 또 다른 여우들은 이것이 남의 것임을 알 것이다. 그 뒤 도미노는 암탉을 다시 파내어 집으로 가져갔다. 도미노가 그 장소를 다시 찾은 것은 긴 시간이 지나 달걀들이 전부 상한 다음이었다. 하지만 그 달걀들은 원할 때 늘 거기 있었다. 게다가 녀석의 식욕에 비하면 달걀의 상태 따위는 아무 문제도 되지 않았다.

도미노의 먹이 창고는 여기만이 아니었다. 먹이를 숨기지 않는 여우도 있는데, 그 까닭은 사냥 실력이 형편없어서 남겨 둘 먹이가 없기 때문일 것이다. 정말 똑똑한 여우들은 저장 습관을 들이게 마련이다. 도미노도 그랬다.

한 달쯤 지난 어느 가을날, 맛있는 들장미 열매가 도미노의 눈길을 끌었다. 그해에는 특히 더 많은 열매가 달려 있었다. 도미노는 몇 개를 물어뜯어서 씹어 삼켰다. 별로 맛은 없었다. 아마 살도 찌고 배도 불렀기 때문이었을 것이다. 그래도 펄쩍 뛰어 빨간 들장미 열매를 따는 것은 재미있었다. 하나둘 떨어진 열매가 수북이 쌓였다. 그 순간 저장 본능이 고개를 들었고, 녀석은 그것들을 나뭇잎 밑에 묻었다. 그리고 옆에 있는 나무 밑동에 자기 냄새를 묻혔다. 그 열매가 필요해지면 언제든지 쌓인 눈을 파내고 저장 식량을 찾을 수 있을 것이다.

15

그해 여름 도미노는 다리를 절어 잘 달리지 못했지만, 다행히 녀석의 적인 사냥개도 같은 상태였다. 도미노는 새끼들이 먹을 것만 사냥하면 되었고, 어머니 자연은 친절했다. 사냥이 잘되는 해였다. 도미노는 날마다 살아 있는 먹이를 가지고 집에 돌아올 수 있었다.

개구리를 내려놓으면 새끼들은 고꾸라질 듯이 뛰어다니다가 개구리를 잡는 데 성공했다. 살찐 들쥐를 풀어 놓으면 나뭇잎 속으로 기어들어 가는 들쥐를 잡으려고 덤벼든 새끼들이 모래와 풀잎만 한입 가득 문 채 고개를 들곤 했다. 그러다가 결국 운 좋은 녀석이 들쥐를 잡았다. 도미노는 다른 여러 종류의 먹이를 가져다주었고, 새로운 훈련을 시키기도 했다.

어느 날, 안개 낀 강가를 서성이던 도미노는 움직이는 물체를

발견했다. 어떤 동물이 처음에는 얕은 물속에서, 그다음에는 통나무 위에서 익숙한 솜씨로 조개껍데기를 열고 속살을 빼 먹고 있었다. 커다란 사향쥐(쥐목 비단털쥐과의 동물. 북아메리카의 강이나 연못에서 물풀이나 조개류를 먹고 산다. 매우 강한 동물성 향을 분비해서 사향쥐라는 이름이 붙었다:옮긴이)였다. 녀석은 튼튼한 누런 이로 조개껍데기의 연결 부분을 와삭하고 씹은 다음 껍데기를 열었다. 사향쥐는 아무 소리도 듣지 못하고 식사에 열중해 있었다.

그런데 한순간 검은 털이 번쩍하더니 도미노가 벌써 녀석의 목을 물고 있었다. 사향쥐는 빠져나오려고 몸부림을 치고 소리를 지르고 이를 갈았지만 아무 소용이 없었다. 도미노는 난생처음 경험하는 놀라운 속도로 이동해서 20분 뒤 굴에 도착했다.

아비여우가 평소처럼 크르릉크르릉 소리를 내자 새끼들은 신이 나서 뛰어나오다가 서로 걸려 넘어졌다. 도미노가 먹이를 내려놓았다. 새끼들은 한꺼번에 사냥감에 달려들었다. 하지만 그것은 살아 있는 사향쥐였다. 무릇 사향쥐란 치열한 싸움꾼이다. 놈은 이쪽저쪽으로 달려들어 새끼들을 흩어 놓았다. 새끼들은 곰을 에워싼 사냥개들처럼 사향쥐 주위를 맴돌았다. 사향쥐가 날카로운 이빨을 드러내고 공격하자 새끼들은 하나둘 비명을 지르며 물러났다.

도미노와 사향쥐

그러나 도망치지 않는 새끼가 있었다. 녀석은 사향쥐가 세 번이나 공격하는데도 물러서지 않았다. 녀석의 몸집은 사향쥐보다도, 다른 형제들보다도 크지 않았지만 두려움을 모르는 성격이었다. 녀석은 다시 사향쥐에게 다가갔고, 형제들은 주위에 서 있었다. 그것이 마지막 결전이었다. 새끼는 본능적으로 상대의 급소를 찾았다. 그러다가 기회가 오자 한 발짝씩 발을 옮겨 다가가더니 드디어 적의 목을 물었다. 녀석은 승리가 확실해질 때까지 사향쥐의 목을 물고 놓지 않았다. 그러고 나서 여우 가족은 잔치를 벌였다.

아비여우와 어미여우는 가만히 지켜보기만 했다. 어떤 생각으로 새끼들에게 죽은 사향쥐를 주지 않은 걸까? 아버지가 어른들에게는 쉽지만 아이들에게는 어려운 일을 자식에게 시키는 까닭을 생각해 보면 답을 알 수 있을 것이다.

그 새끼여우는 몸집이 가장 크지는 않았지만 털빛은 가장 진했다. 녀석은 자라면서 아비를 쏙 빼닮았다. 그리고 쇼밴 강 상류의 연대기에 이름을 남기는 존재가 되었다.

'천둥의 달'이 천천히 흘러가는 동안 새끼들은 거의 다 자랐다. 이제 새끼들 중에는 스노이러프만큼 자란 녀석들도 있었다. 가족을 하나로 묶어 주던 끈도 어쩔 수 없이 느슨해졌다. 처음에는 가장 먼저 태어난 수컷이, 다음에는 암컷들이 오랫동안 혼자 지내기 시작했다. 며칠씩 집을 떠나 있기도 했다. 여우 가족은 서로 점점 서먹서먹해졌다. 수확의 계절에 뜨는 '붉은 달'이 기울 무렵, 새끼들은 마지막 한 마리까지 뿔뿔이 흩어졌다.

굴에는 도미노와 스노이러프만 남았다. 둘은 때로는 함께, 때로는 떨어져서 며칠씩 지냈다. 하지만 둘은 언제나 굴로 돌아왔고, 기꺼이 서로를 도왔다. 도미노와 스노이러프에게는 불문율이 있었다. 바로 둘이 한 몸이라는 것이다. 새끼들은 부모를 잊었을 것이다. 그리고 잊어야 한다. 그러나 도미노와 스노이러프를 갈라 놓을 것은 죽음밖에 없다.

가을이 오면서 도미노의 발은 다 나았다. 녀석은 또다시 골더 산의 날쌘 여우가 되었다. 이제 필요하면 사냥꾼의 추격에 맞설 수도 있었다. 그랬다. 도미노는 심지어 추격을 갈망하기까지 했다. 도미노는 예전의 힘을 되찾았다.

녀석의 가장 큰 재능은 속도였다. 그 산에서 도미노만큼 빨리 달리는 여우는 없었다. 개들도 도미노의 상대가 되지 못했다. 도미노의 폐는 무한한 능력을 지닌 듯했으며, 폐에 못지않게 튼튼한 네 다리가 버티고 있었다. 도미노는 특히 속도감을 즐겼다. 숙련된 뱃사공이 위험한 급류를 사랑하듯이, 발 빠른 동물은 경주를 사랑하는 법이다. 그러니 도미노가 추격을 사랑하는 것도 이상할 게 없었다.

도미노의 수호천사는 힘과 속도를 추구하도록 도미노를 이끌었다. 도미노와 녀석의 철천지원수가 힘에는 힘, 속도에는 속도, 목숨에는 목숨으로 맞서 싸워야 할 공포의 날이 다가오고 있었기 때문이다.

16

해마다 봄과 가을이면 골더 산에는 꽉꽉거리며 우는 목이 긴 새들이 날아들었다. 기러기들이었다. 그 새들은 그리 오래 머무르지 않았다. 하지만 기러기들이 찾아오면 포수들도 모습을 보였다. 도미노는 기러기들이 좋은 먹이라는 것을 본능적으로 알고 있었지만, 어느 날 확실한 증거를 얻었다. 죽은 지 얼마 안 된 기러기를 발견한 것이다. 도미노와 스노이러프는 포수를 피해 달아나다가 습지에서 죽음을 맞은 기러기를 발견하고 고기의 맛을 확인할 수 있었다.

기러기는 습지에서도 들판에서도 먹이를 찾았다. 도미노는 몇 번이나 기러기 몰래 접근하려고 했다. 그러나 기러기의 조심성은 상상을 초월했다. 기러기들이 넓은 호수에서 헤엄치는 동안 살금살금 다가가 보기도 했다. 앉아 있는 새나 가만히 웅크리고 있는 토끼의 사냥법 중에는 덮칠 수 있는 거리까지 드러내 놓고 다가가는 방법이 있는데, 도미노는 이리저리 개선점을 궁리한 끝에 새로운 비책을 세웠다. 흰 토끼를 잡는 법으로 유명한 몰이와 매복 공격을 개선한 것이었다. 그 결과 올가을에 기러기의 긴 행렬이 등장했을 때는 놀라운 경험도 할 수 있었다.

하루는 작은 기러기 떼가 쇼밴 강 근처의 거친 들판에서 먹이를 찾고 있었다. 그날 도미노와 스노이러프는 함께 있었다. 둘은 강둑의 수풀을 지나 들판 가까이 몰래 다가가는 데 성공했다. 그러나 기러기들은 사방이 트인 널따란 들판의 보호를 받고 있었다. 그리고 언제나 적어도 한 마리는 하늘을 날면서 정찰병 노릇을 하고 있었다.

여우 부부는 예전부터 수없이 이루어져 왔지만 어떻게 시작되었는지는 아무도 모르는 꾀를 냈다.

먼저 도미노가 들판까지 뻗어 있는 관목 숲에 몸을 숨겼다. 스노이러프는 맞은편으로 가서 보란 듯이 땅 위에서 뒹굴고, 재주를 넘고, 납작 엎드린 채 꼬리만 흔드는 것 같은 이상한 행동을 하기 시작했다. 기러기들은 그 야릇한 공연이 무슨 뜻인지 궁금해 하며 부리를 암여우 쪽으로 돌렸다.

그래도 스노이러프는 계속 재주를 넘고 꼬리를 흔들었다. 기러기들은 두려워할 게 없다는 것을 알았다. 여우가 멀찍감치 떨어져 있었기 때문이다. 기러기들은 호기심 어린 눈길로 가만히 지켜보았다. 스노이러프는 한 번씩 재주를 넘을 때마다 기러기들에게 조금씩 다가갔다. 스노이러프는 이런 행동을 계속 되풀이했고, 결국 의심 많은 늙은 수기러기는 그것이 가까이 다가오려는 계략임을 알아챌 수 있었다.

그러나 수기러기는 아무 소리도 내지 않았다. 아직은 경고를 내릴 만한 상황이 아니었다. 그 대신 수기러기는 몇 걸음 뒤로 물러났다. 다른 기러기들, 그러니까 수기러기의 가족들도 수컷을 따라 움직였다. 멍청한 여우는 마치 바람에 날리는 마른풀 더미처럼, 바닥에 뒹구는 잡초처럼, 황량한 들판에서 재주넘기를 계속했다. 그 모습은 정말 재미있었다.

하지만 늙은 수기러기는 자기가 속고 있다는 것을 깨닫지 못했다. 여우가 재주넘기를 하면서 다가올 때마다 수컷은 여우에게서 멀리 떨어지려고 자꾸 조금씩 뒤로 물러났다. 즐거운 놀이는 한참 동안 계속되었다. 황량한 들판의 가장자리 가까이 물러난 기러기들은 이제 곧 날아오를 생각이었다. 기러기들이 관목 숲 쪽으로 몇 걸음 다가간 순간, 도미노가 매보다도 빠르게 뛰쳐나왔다. 도미노는 기러기들이 날아올라 도망치기 전에 늙은 수컷의 목을 덥석 물었다.

이제 사냥꾼이 누리는 최고의 기쁨은 여우 부부의 차지였다. 길고 힘든 원정, 머리싸움, 최고의 사냥감, 전투에서 승리한 자의 기쁨, 맛있는 먹이, 가장 중요한 본능이 충족되었을 때의 달콤한 만족도 여우 부부의 몫이었다.

이번 일은 여우 부부가 힘을 모아 해낸 최고의 사냥이었다. 그 경험은 둘 사이를 더 가깝게 만들어 주었다. 둘은 더 자주 함께 싸웠다. 여우 쌍의 유대감은 원래 높은 편이지만, 도미노와 스노이러프의 유대감은 그중에서도 가장 높았다.

17

'낙엽의 달'이 저물고 '광기의 달'이 찾아왔다. 별난 행동을 하고 까닭 없이 우울해지다가 뭔지도 모르는 것을 갈망하며 광기를 발산하는 때가 온 것이다. '광기의 달'이 뜨는 11월의 기이한 충동을 피해 가는 여우는 거의 없었다.

달이 점점 차오르자 도미노는 기분이 들뜨는 것을 느꼈다. 도미노는 산봉우리 위에 앉아 주둥이를 쳐들고 날카로운 소리로 "컹, 컹, 컹, 요오 요오!" 하고 울부짖곤 했다. 다음엔 스노이러프가 무어라 표현할 길 없는 똑같은 동요를 느꼈다. 두 여우는 서로를 피했다.

달이 이지러져 가던 어느 날 밤, 도미노가 울부짖자 멀리서 대답하는 소리가 들려왔다. 도미노는 스노이러프 곁을 떠나 골더

산에서 가장 높은 곳에 있는 밋밋한 봉우리에 올랐다. 그곳에는 달빛이 환히 쏟아지는 빈터가 있었다. 도미노는 잠시 그늘진 곳에 앉아 주위를 둘러보았다. 수풀로 덮인 곳의 가장자리에 다른 형체들이 보였다.

스무 걸음 정도 떨어진 곳에서 한 여우가 도미노를 지나쳤다. 스노이러프였다. 다른 여우들도 조심스럽게 앞으로 나왔다. 여우들은 잠시 아무 말 없이 서로 마주 보았다. 도미노가 나지막하게 으르렁거리며 꼬리를 치켜들고 돌아다니기 시작했다. 다른 여우가 똑같이 따라 했다. 여러 여우가 다시 똑같이 따라 했다. 그러고는 감정의 폭발이 사그라질 때까지 으르렁거리며 이리저리 뛰어다녔다. 여우들은 이 일을 여러 번 되풀이했다. 도미노와 스노이러프는 서로 모르는 사이처럼 스쳐 지나갔다.

달이 지자 그런 감정은 감쪽같이 사라졌고, 여우들은 각자 집으로 흩어졌다. 여우들이 모여서 한 일은 별것 아니었다. 하지만 여우들은 분명 한자리에서 만났다. 그때 여우들에게 중요한 것은 사랑도, 먹이도, 전쟁도 아니었다. 여우들은 그저 함께한다는 데에서 기쁨을 느낀 것이다. 우리는 고등한 존재들 사이에서 이런 일이 더 자주 강력하게 일어난다는 것을 안다.

기이한 의식

18

 겨울은 느릿느릿 지나갔다. 여우 부부는 다른 해보다 느긋하게 겨울을 날 수 있었다. 저장하는 습관 덕분에 굶주릴 염려가 없었기 때문이다. 비록 오랫동안 저장해 둔 열매나 물고기를 맛있는 먹이라고 할 수는 없었지만, 식량이 있다는 게 중요했다. 사랑으로 충만한 시간이 흘러가고 있었다.

 봄이 멀지 않은 어느 날, 도미노는 산을 넘어 집으로 돌아오다가 충격적인 범죄 현장을 목격했다. 도미노는 아주 영리한 여우가 되어 가고 있었고, 영리한 여우는 산등성이를 넘을 때 반드시 사방을 둘러보고 가는 법이다. 도미노는 천천히 능선 위로 머리를 들어 올려 주위를 살폈다. 울타리 안 공터에서 미친 듯이 뛰어다니는 한 무리의 양이 보였다. 양 떼를 뒤쫓는 것은 도미노가 그토록 싫어하는 크고 시커먼 사냥개였다. 양 두세 마리가 이미 피범벅이 되어 죽어 있었다.

 도미노가 지켜보는 동안에도 그 야수는 다른 양을 쓰러뜨렸다. 놈은 양의 목을 물어 내팽개친 다음 뜨거운 피가 멎을 때까지 계속 물어뜯었다. 그리고 그다음에 또 한 마리, 다시 또 한 마리를 물었다. 도미노는 공포에 질려서가 아니라 호기심과 놀라움에 취해서 그 자리에 못 박힌 듯 서 있었다. 헤클라가 다시 사나운 공격을 시작할 때 한 발의 총성이 울렸다. 총알은 살해범 머리 위의 넓적한 바위를 맞혔다.

누가 개를 일러 분별력이 없다고 하는가? 어느 누가 나쁜 짓을 하다 잡힌 개를 보고 아무것도 몰랐다고 말하는가? 피에 젖은 이 비겁자는 자기가 한 짓이 무엇을 뜻하는지 잘 알고 있었다. 녀석은 몸을 숨길 수 있는 골짜기로 달려 내려가 목숨을 걸고 도망쳤다. 놈의 모습을 제대로 본 사람이 아무도 없었으므로, 헤클라의 주인은 자기 개가 무슨 짓을 했는지 알 수 없었다.

하지만 들판을 가로질러 도망치던 도미노는 사람들 눈에 띄고 말았다. 양치기는 열 마리가 넘는 양의 사체를 발견했다. 그러나 거기에 개의 발자국은 없었다. 놀라 달아나던 양들이 개 발자국을 다 뭉개 버렸기 때문이다. 정황 증거는 완벽했다. 그전에도 많은 양들이 고난을 당했다. 양치기는 여우를 모조리 잡아 죽이겠노라며 복수를 맹세했다.

처음에는 몇 사람만이 양치기의 뜻에 동조했다. 하지만 3월에 더 많은 양이 죽었는데, 그중에는 어린 새끼도 많았다. 몇몇 사람은 살육의 현장에서 커다란 개의 발자국을 봤다고 했지만, 대부분은 여우의 짓이라고 생각했다. 그리고 그런 나쁜 짓을 할 수 있는 놈은 은여우밖에 없다고 확신하고 기꺼이 여우 사냥에 나서기로 했다.

19

쇼밴 강 상류 지역에 사는 사람들이 모두 들고일어났다. 대규모 여우 사냥대가 꾸려졌다. 새끼양을 잃은 사람들은 여우를 죽이겠다는 생각으로 사냥에 참여했다. 젊은이들은 재미 삼아 사냥에 나섰다. 그리고 모든 이들은 모피가 가장 아름다운 은여우를 잡고 싶다는 또 다른 속셈을 품고 있었다.

"내 쪽으로 오기만 해 봐라. 단단히 복수해 줄 테니까."

어떤 사람이 말했다.

"단 하루 사냥으로 내 농장을 담보로 잡아 빌린 돈을 갚을 수 있다면 얼마나 좋을까?"

다른 사람이 말했다.

"두고 봐! 내 안장에 그 까만 여우 털을 매달고 돌아올 테니."

세 번째 사람이 말했다.

다들 이런 말을 주고받았다.

그러나 주크스 씨 가족은 거기 없었다. 그 사람들은 양을 한 마리도 잃지 않은 데다가, 이번 사냥 모임을 주도한 벤턴 영감 가족과 사이도 안 좋은 편이었다. 애브너 주크스는 다른 곳에서 사냥을 했다. 헤클라도 물론 주인과 함께 있었다.

뉴잉글랜드 지방의 여우 사냥은 야만스러운 행사이다. 모든 사람 손에 총이 들려 있다. 여우 털에 되도록이면 손상을 적게 입히고 죽이려는 것이다. 대개 청년 스무 명 정도와 사냥개 서너 마리가 한 팀을 이루었다. 그해 3월의 어느 날 아침, 쇼밴 강 상류 지역에서도 이런 규모의 사냥대가 꾸려졌다.

여우는 해마다 굴을 새로 만든다. 하지만 전에 살던 굴에 평화롭고 기분 좋은 기억만 서려 있으면 그곳으로 되돌아가기도 한다. 잠시도 방심하지 않은 덕분에, 아직 어떤 적도 사시나무 노래하는 강변의 보금자리를 찾아내지 못했다. 다시 3월이 오자 스노이러프와 도미노는 옛 굴을 깨끗이 청소하고 새 생명을 맞을 준비를 했다.

여우 부부는 이 소중한 보금자리가 적의 주목을 받지 않도록 주의했다. 부부는 매우 조심스럽게 집을 드나들었고, 집에서 멀리 떨어진 곳에서만 사냥을 했다. 스노이러프가 강 상류의 골짜기를 서성거리는 동안, 사냥개들이 스노이러프의 발자국을 발견했다. 녀석들은 큰 소리로 짖으며 달려 나갔다.

농장 청년들은 그 뒤를 쫓지 않고 사방이 잘 보이는 곳으로 흩어졌다. 사냥개들이 짖는 소리로 개들의 위치를 확인하면서, 여우가 지나갈 만한 좁은 오솔길 같은 곳으로 미리 뛰어가 길목을 지켰다. 그러다가 여우가 그 길목을 통과할 때 총을 쏘아 잡으려는 것이었다. 여우는 대개 자기 집 주위로 원을 그리며 움직이기

때문이다.

　사냥개들이 사냥감을 쫓는 소리가 멀리서 들려왔다. 청년들은 그 소리를 신호로 가장 높은 곳으로 올라가 사냥 계획을 짰다. 그러고는 각자 총을 쏘기 적당한 장소에 자리 잡았다.

　사냥개 울음소리가 점점 더 가까워지자 스노이러프는 자신이 처한 상황을 확실히 알게 되었다. 스노이러프는 몸을 피할 수 있는 벤턴 영감네 개울의 골짜기로 뛰어 내려갔다. 그리고 통나무 다리를 건너고 또 건너서 사냥개들의 추격을 늦추려 했다. 처음에는 조금이라도 시간을 벌어서 자신의 냄새를 지워 보려고 아주 빨리 달렸다.

　건조한 날에는 냄새가 금방 사라질 수도 있다. 하지만 오늘은 안타깝게도 수북이 쌓여 있던 눈이 따뜻한 바람에 많이 녹아 있었다. 개울물은 세차게 흐르고, 눈이 녹은 땅은 진창이 되어서 여우는 뛸 때마다 발이 미끄러졌다. 사냥개들은 여우가 방금 지나갔다고 말해 주는 짙은 냄새를 맡았다. 이런 날은 사냥개들의 긴 다리가 아주 유리했다.

　스노이러프가 달리는 속도는 처음보다 느려졌다. 처음에 벌려 놓은 거리도 이제 많이 좁혀졌다. 지금까지는 사냥꾼들을 용케 따돌렸지만 더 오래 버틸 수 없을 것 같았다. 따가운 햇볕이 내리쬐면서 눈은 점점 더 질척거렸고, 암여우의 꼬리는 조금씩 밑으로 처졌다. 이런 신호는 여우가 위험에 빠졌다는 뜻이다.

여우의 꼬리는 힘을 판단하는 척도가 된다. 강하고 용감한 여우는 추격당할 때 꼬리를 높이 들고 달린다. 하지만 용기가 꺾이면 꼬리도 아래로 떨어진다. 이런 상태로 축축한 눈 위를 달리다 보면 꼬리가 젖고 점점 무거워져서 더 밑으로 처진다. 결국 땅에 질질 끌리다가 녹은 눈에 젖은 꼬리는 운명을 재촉하는 짐이 된다. 따라서 용기 있는 자만이 오래 살아남고, 겁쟁이는 도중에 탈락한다.

스노이러프는 여태까지 한번도 용기를 잃은 적이 없지만, 지금은 땅이 질척거리는 눈으로 두껍게 덮여 있었다. 게다가 며칠만 있으면 새끼들이 태어날 상황이었다. 스노이러프의 약해진 체력은 용기마저 사그라뜨렸다. 스노이러프는 불어난 개울물 위의 가느다란 통나무 다리를 건너다가 그만 발을 헛디뎌 물에 빠지고 말았다. 물론 재빨리 헤엄쳐 나왔지만, 이제는 온몸이 물에 젖어 무거워졌다. 엎친 데 덮친 격이었다. 희망의 빛은 어디에도 보이지 않았다. 다시 산등성이에 오른 스노이러프는 절망에 빠져 울었다.

그 순간 대답이 들렸다. 수여우의 짧고 날카로운 울음소리였다. 강인하고 용감한 도미노가 마치 검은 매처럼 하얀 눈밭을 가로질러 뛰어오고 있었다. 암여우는 도미노에게 자신의 처지를 말해 줄 방법이 없었다. 하지만 그럴 필요는 없었다. 도미노는 모든 상황을 알아차렸고, 존엄한 배우자만이 할 수 있는 일을 했다. 암여우의 짐을 대신 짊어지기로 한 것이다.

도미노는 암여우의 발자국을 따르다가 사냥개들을 상대하러 돌아갔다. 그렇다고 도미노가 자신을 희생하겠다고 결심한 것은 아니었다. 도미노는 스노이러프가 집으로 조용히 돌아가는 동안 사냥개들을 막아서서 먼 곳까지 따돌릴 자신이 있었다.

20

도미노가 되짚어간 거리는 1킬로미터쯤이었다. 사냥개 무리와는 점점 더 가까워져서, 300미터쯤 떨어진 상태였다. 사냥개들이 더 빨리 달리면서 이제 거리는 200미터까지 좁혀졌다. 도미노는 그 정도 거리에서 꾸물거리다가 스노이러프를 쫓아온 사냥개들에게서 도망치기 시작했다. 그러면서도 도미노는 계속 꾸물거렸다. 눈으로 확인하기 위해서였다! 사냥개 눈에 띄려고 그러는 것인지 자기 눈으로 사냥개를 확인하고 싶어서 그러는 것인지는 확실치 않지만, 결과는 마찬가지였다.

도미노와 사냥개들은 150미터 거리에서 서로를 발견했다. 사냥개들이 요란하게 짖어 대며 여우가 여기 있다고 알렸다. 사냥개들은 암여우 추적을 중단하고, 눈앞의 여우를 쫓기 시작했다. 도미노는 재빨리 사라졌다. 그러나 사냥개들은 그 부근에서 도미노의 냄새를 맡을 수 있었다. 사냥개들의 이런 태도는 칭찬할 만하다. 연약한 암여우 추적을 과감히 포기하고 지금부터 강인한 수여우의 발자국을 쫓아야 한다는 것을 사냥개들도 잘 알고 있었다. 그러나 녀석들의 본성에는 그렇게 하는 것이 당연하다는 원초적인 느낌이 있었다.

도미노는 사냥개가 확실히 쫓아오도록 하기 위해 천천히 달렸다. 모습을 다시 드러내기도 했다. 그리고 사냥개들이 자신을 쫓는다는 것이 확실해지자 스노이러프가 지나간 길에서 멀찍이 떨어진 곳으로 녀석들을 이끌었다. 도미노는 훤히 트인 눈밭을 가로질렀다.

사냥꾼 중에는 망원경을 들고 온 사람도 있었다. 은여우가 나타났다는 사실이 알려지자 사냥꾼들은 크게 흥분했다. 청년들은 그 지역을 속속들이 알고 있었다. 청년들은 즉시 모든 길목을 막아셨다. 그러나 야생 동물에게는 그들을 사랑하는 특별한 존재가 있다. 더 좋은 이름이 생각나지 않아 야생 동물의 수호천사라고 부르는 그 무엇 말이다. 먼 곳까지 닿는 목소리를 지닌 그 침묵의 존재가 도미노를 지켜 주고 있었다.

도미노가 위험에 빠진 것은 딱 한 번이었다. 너무 가까운 곳에서 사냥개들을 살피다가 바람의 경고를 소홀히 한 것이다. 잠시 후 '탕' 하는 소리가 들리더니 불에 덴 듯한 아픔이 전해졌다. 총알 한 방이 옆구리를 맞힌 것이다. 다행히 총알이 스쳐 지나가 상처는 깊지 않았다. 사냥꾼의 모습은 보이지 않았다. 그러나 까만 여우는 사냥꾼을 경계해야 한다는 사실을 알게 되었다.

그때부터 도미노는 온 힘을 기울여 경계심을 풀지 않고 모든 신호를 읽었다. 수호천사는 귀 기울이는 자에게 친절을 베푼다.

지금까지 도미노가 이쪽이나 저쪽 길목을 택한 데에는 모두 그만한 까닭이 있었다. 그런데 이번만은 난생처음으로 계속 산꼭대기를 따라가는 것이 소망이 되었다.

도미노는 5킬로미터쯤 이동한 뒤 갑자기 방향을 틀었다. 그리고 그대로 들판을 가로질러 철로를 따라 두 배나 먼 곳까지 달려갔다. 선로 분기점에서 1킬로미터쯤 더 달리자 사냥개들을 많이 앞서 나갈 수 있었다. 그 뒤 도미노는 철도의 레일을 밟고 다시 선로 분기점으로 돌아와 그곳에서 갈라져 나간 다른 선로로 들어섰다. 도미노는 다른 방향으로 길게 이어진 발자국을 뒤로하고 두려움을 떨친 채 집을 향했다. 지친 데다가 총을 맞은 곳이 계속 아팠지만, 힘겨운 싸움의 승리자답게 꼬리는 높이 쳐들었다.

도미노는 쇼뱅 강 상류 지역을 가로질렀다. 그제야 배고픔을 느낀 도미노가 숨기 좋은 수풀로 향할 때 가슴이 철렁 내려앉는 소리가 들렸다. 산모퉁이를 돌아서자 한 무리의 사냥개가 보였다. 아까와는 다른 새로운 사냥개 무리였는데, 적어도 서른 마리는 되어 보였다. 말을 탄 사람도 열 명쯤은 되었다. 왁자지껄 떠들어 대는 소리로 보아 도미노의 발자국을 발견하고 쫓아온 것이 분명했다. 다른 때라면 이런 추격에 기꺼이 응하겠지만, 아, 지금은 너무 불공평하지 않은가!

도미노는 지칠 대로 지쳤고 배가 고팠다. 몇 시간 동안 이어진 추격으로 발도 아팠다. 쑤셔 대는 상처는 신경을 건드렸다. 무엇보다 휴식이 필요했다. 그러나 어쨌든 이것은 진짜 사냥이었다. 총은 없었다. 그 사냥꾼들이 원하는 것은 '모피'가 아니라 '추격'이었다. 그렇다고 해서 도미노에게 경주를 사랑하는 달리기 선수처럼 즐겁게 달리라고 할 수는 없을 것이다. 은여우는 무조건 달려야 했다.

도미노는 자신의 영역에서 멀리 떨어진 이쪽 산들을 잘 몰랐다. 도미노가 잘 아는 산들은 몇 킬로미터 밖에 있었다. 그런데 그곳은 총을 든 자들이 모든 길목을 지키고 있었고, 그 사람들에게는 새로 교대한 사냥개들이 있었다. 이번 경기는 도미노가 얼마나 영리한지를 시험하는 면에서는 가장 형편없었지만, 힘과 속도를 시험하는 면에서는 가장 힘든 경주였다. 경주는 몇 시간 동안이나 낮은 산들을 빙글빙글 돌며 계속되었다.

그동안 눈부신 햇살에 녹은 눈으로 숲은 진창이 되었다. 도랑마다 얼음처럼 차가운 물이 흘렀고, 개울물은 크게 불었다. 모든 빙판에는 물이 고여 있었다.

그래서 다른 날 같았으면 아직도 여봐란듯이 높이 들고 다녔을 커다랗고 탐스러운 꼬리가, 용사의 깃발이, 물에 젖고 진흙에 더럽혀진 채 무게를 이기지 못하고 축 처져 있었다. 도미노는 예전처럼 사냥개들을 지쳐 떨어지게 할 수 있다는 것을 알고 있었다. 그러면서도 밤이 오기를, 다정한 밤이 찾아와 주기를 간절히 바랐다. 도미노가 그 까닭을 알고 있었던 것일까? 확실히 표현할 수는 없었지만 밤은 서리를, 서리는 얼어붙은 눈의 표면을 의미했다. 여우라면 그 위를 지날 수 있을 것이다. 하지만 무거운 사냥개를 지탱할 정도로 단단해지려면 몇 시간은 더 기다려야 했다. 밤은 진정 평화를 의미했다.

도미노는 산 주위를 돌아서 달리고 있었다. 녀석의 놀라운 속도도 이제 반으로 줄었다. 사냥개들도 지쳐 있었다. 사냥꾼들은 사냥꾼대로 쌓인 눈과 불어난 물 때문에 힘이 들었다. 이제 남은 사람은 사냥개들의 주인과 키 큰 청년 애브너 주크스 둘밖에 없었다. 그리고 쫓기는 동물이 골더 산의 은여우라는 사실을 아는 사람은 애브너뿐이었다.

그래도 모든 상황이 사냥하는 쪽에게 유리했다. 사냥개들은 점점 거리를 좁혔다. 도미노에게는 온 길을 되짚어가는 속임수를 쓸 기회가 없었다. 곧장 달리는 것만이 현명한 선택이었다. 도미노는 뛰고 뛰고 또 뛰었다. 속도는 점점 더 느려졌다. 옆구리는 끊어질 것 같고 숨은 가빠 오고 내딛는 거리는 짧아졌지만, 그래도 도미노는 계속 달렸다.

한 농가를 지나고, 다음 농가를 지나고, 세 번째 농가의 문 앞에 다다랐을 때, 도미노는 바구니를 든 어린아이를 보았다. 무엇이 도미노를 그리로 이끈 것일까? 절망에 빠진 도미노는 더 큰 힘을 지닌 자에게 도움을 청해야 한다는 생각이 들었다. 어디서 이런 생각이 떠올랐는지는 알 수 없지만, 골더 산의 여우는 그대로 따르기로 했다. 도미노는 채소밭의 소녀에게 힘없이 달려가 그 발아래 엎드렸다.

소녀는 순순히 따르는 여우를 집 안으로 데리고 들어갔다. 그러고는 요란하게 짖어 대는 악귀 같은 사냥개 무리를 본체만체하고 문을 쾅 닫았다.

사냥개들이 집 주위로 몰려와 짖어 댔다. 사냥꾼들도 오고, 소녀의 아버지도 왔다.

"그 여우는 우리 사냥개들이 잡았으니 우리 겁니다. 여기까지 여우를 몰아온 건 우리 사냥개들이니까."

사냥꾼이 잘라 말했다.

"아니, 지금은 우리 집 안에 있으니 우리 거요."

소녀의 아버지, 농부가 말했다. 농부는 도망치는 동안 붉은 흙탕물에 더럽혀진 여우의 모피가 원래 어떤 품질이었는지 알 길이 없었다. 그러나 농부는 몇 번 암탉을 잃은 적이 있으므로 잠시 망설였다. 하지만 금세 결론을 내릴 수 있었다. 여우의 모피는 다 망가져서 이제 아무 가치도 없어 보였기 때문이다.

농부가 사냥꾼에게 말했다.

"여우를 끌어가시오."

"아빠, 안 돼요! 여우는 내 거예요! 여우는 내 친구예요. 오래 전부터 알고 지냈단 말이에요. 여우를 죽이면 안 돼요!"

소녀가 소리쳤다.

농부는 마음이 약해졌다.

사냥꾼이 말했다.

"그러면 공정하게 경기를 해 봅시다. 여우가 여기 왔을 때 떨어져 있던 거리보다 더 멀리 달리게 한 뒤에 쫓겠소."

사냥꾼의 말에 농부는 다시는 못 보게 될 여우를 서둘러 내보냈다. 농부는 자기 집으로 쫓겨 들어온 짐승은 잊을 수 있지만, 귓전을 때리는 딸의 목소리는 잊을 수 없을 것 같았다.
　"안 돼요, 안 돼! 여우는 내 친구예요! 아빠, 저 사람들은 여우를 죽일 거예요! 아빠! 아빠!"
　울부짖는 어린 목소리가 채찍질처럼 오래오래 가슴에 사무친 사람은 소녀의 아버지만이 아니었다.

21

　하지만 사냥꾼들은 도미노를 넘겨받았고 '500미터 법'을 충실히 지켰다. 사냥꾼들이 말한 공정한 경기란 서른 마리의 힘센 사냥개와 한 마리 지친 여우의 대결이었다. 계곡에 개 짖는 소리가 울려 퍼졌다. 도미노는 다시 두텁게 쌓인 젖은 눈 위를 뛰어갔다. 한동안은 많이 앞서 나갈 수 있었다.
　그동안 한참 뒤처졌던 사냥개 한 마리가 벤턴 영감네 개울의 긴 골짜기로 내려와 산비탈을 가로지르고 산등성이를 넘어 골더산 기슭의 농가를 지나쳐 달려와서는 사냥개 무리에 합류했다. 키 큰 사냥꾼 애브너가 반가운 목소리로 녀석을 맞았다. 헤클라였다.

도미노는 그 개와 세 번째로 맞서게 되었다. 그런데 이번에도 도미노가 이길 수 있을까? 단 하나의 가능성이 남아 있었다. 밤이 멀지 않았다는 것이다. 밤과 함께 추위가 찾아와 준다면 말이다. 그러나 저녁의 산들바람은 오히려 더 부드럽게 느껴졌다. 따뜻해진 바람과 함께 강물은 하루 종일 흘러내렸다.

쇼밴 강에는 얼음장이 둥둥 떠내려가고 있었다. 크고 작은 얼음 조각이 이쪽 끝에서 저쪽 끝까지 넓은 강을 채우고 있었다. 강물은 넘실거리며 서쪽으로 흘렀다. 흐르는 강줄기 위로 해가 설핏 기울었다. 저무는 태양이 장엄한 풍경을 비추었다. 고귀한 태양이 마지막으로 펼쳐 보이는 장관이었다.

그러나 사냥개도 사냥꾼도 그 풍경 앞에 멈추어 서지 않았다. 추격은 계속되었다. 사냥개들은 가쁜 숨을 몰아쉬며 달렸다. 녀석들의 혀는 길게 늘어졌고, 눈자위는 벌겋게 충혈되었다. 맨 앞에서 달리는 녀석은 나중에 합류한 불청객이었다. 아직은 은여우가 많이 앞서 있었다. 그 유명한 털이 진흙탕 속에서 질질 끌렸다. 눈부신 꼬리는 달라붙은 진창 눈의 무게로 축 늘어져 있었다. 발바닥은 살갗이 까져서 발자국마다 피가 묻어났다. 지금까지 이렇게 지친 적은 한 번도 없었다.

도미노는 진작 낭떠러지 위 좁은 길의 바위턱으로 갈 수도 있었다. 하지만 그 길로 가면 자신의 보금자리가 나왔다. 고귀한

본능은 아까부터 가지 말라고 말하고 있었다. 그러나 이제 헤어날 수 없는 곤경에 빠진 도미노는 그 길로 향했다. 마지막 남은 길이었다. 도미노는 남은 힘을 다 짜내어 기세 좋게 흐르는 쇼뱅 강가를 달렸다. 잠깐 동안 원래 속도를 되찾을 수 있었다.

앞장서서 쫓아오는 그 커다란 사냥개만 아니면 도미노가 우세할 수도 있었다. 놈은 도미노와의 거리를 좁히면서 한 번 들으면 결코 잊을 수 없는 커다란 소리로 울부짖었다. 쇠를 긁어 대듯 소름끼치는 헤클라의 목소리였다. 그 소리가 도미노를 얼마나 옥죄었는지 어느 누가 가늠할 수 있을까?

알 수 있는 것은 하나뿐이었다. 도미노가 방향을 틀어야 했다는 것이다. 돌아갈 길이 막혔으므로 다시 사나운 강물이 흐르는 강둑을 따라 내려가는 수밖에 없었다. 강물은 붉은 저녁노을 빛을 받아 반짝거렸다. 모든 희망은 사라졌다. 하지만 도미노는 계속 달렸다. 검은 몸이 비척비척 흔들렸다. 도미노는 죽을 수밖에 없다는 것을 알면서도 죽을힘을 다해 싸웠다. 그 광경을 키 큰 청년이 지켜보고 있었다. 가까이 온 청년은 도미노가 빈사 상태라는 것을 깨닫고, 저녁노을 속에서 움직이는 검은 몸을 가만히 응시했다.

오, 강이여! 붉은빛과 황금빛으로 타오르는 노을에 빛나는 강이여! 얼음장이 꽃잎처럼 떠내려가는 강이여! 벌써 몇 번이나 시뻘건 죽음의 아가리에서 도미노를 건져 낸 길고 긴 추격의 강이여! 지금 이 절체절명의 순간, 도미노를 도와다오! 서른 마리 죽음의 신이 도미노의 뒤를 쫓아오고, 도미노는 기진맥진 발만 겨우 내딛고 있으니. 오, 사시나무의 강이여! 비참한 처지의 도미노에게서 등을 돌리려는가? 정녕 도미노의 발을 묶고 적에게 내주려는가?

그러나 거대한 강은 도도하고 무정하게 흐를 뿐이었다. 아, 이 얼마나 무자비한 운명인가! 밤조차 걸음을 재촉하지 않았다. 도미노는 여전히 달리고 있었다. 승리감에 젖은 사냥개들의 울부짖음이 지옥에서 들려오는 소리인 듯 귓전을 때렸다. 도미노는 기운이 다했다. 도미노는 자신의 꼬리를, 자랑스러운 용사의 깃발을 더 이상 들어 올릴 수 없었다. 땅에 끌려 무거워진 꼬리는 달리는 데 방해만 되었다. 그래도 도미노는 멈추지 않고 붉게 물든 강기슭을 따라 달렸다.

눈앞의 승리에 고무된 사냥개들이 큰 소리로 짖으며 미친 듯이 달려왔다. 꼬리를 끌며 힘없이 강가를 뛰어가는 부상당한 짐승은 사냥개들에게 시간을 끌고 겨루어야 하는 사냥감이 아니라, 언제라도 손에 넣을 수 있는 영광스러운 전리품이었다.

도미노는 계속 나아갔다. 아, 가엾어라! 도미노가 달려간 곳은 강물 쪽으로 길게 뻗어 나간 땅의 끝 부분이었다. 길은 거기서 끊어졌다. 도미노는 덫에 들었다. 강이 도미노를 배신한 것이다. 사냥개 무리가 점점 더 가까워졌다. 헤클라는 증오를 담은 굵은 목소리를 길게 뽑으며 가장 먼저 달려와서 퇴로를 막고 도미노를 궁지에 몰아넣었다. 넓은 강기슭과 쫓기는 동물, 너른 들판에 점점이 흩어진 사냥개들, 이 모든 것이 한눈에 들어왔다.

넓은 강에는 갈라진 얼음덩어리가 빠르게 흘러가고, 사방에는 죽음이 드리워져 있었다. 여기서 겁쟁이는 패배하고 용기 있는 자는 이길 것이다. 헤클라 뒤를 따라온 사냥개 무리가 큰 소리로 짖으며 파도처럼 밀려오더니 땅의 끝 부분에 도착해 가까이 다가오고 있었다.

굽이치는 강물은 사시나무 자라는 강둑을 지나 노래하며 흘렀다. 강물에는 하얀 얼음이, 강가에는 하얀 사냥개들이 점점이 박혀 있었다. 마치 튼튼한 이빨이 먹이에게 달려드는 것처럼, 하얀 사냥개들은 여러 마리가 한꺼번에 움직였다. 얼음덩이들이 강기슭 가까이 밀려왔다. 얼음덩이들은 잠깐 동안 한데 모였다가 삐걱삐걱 소리를 내며 강기슭에 닿았다.

쫓기는 자는 갑자기 무슨 생각이 떠올랐는지 몸을 돌렸다. 차라리 강에서 죽으리라, 오랫동안 친구가 되어 준 이 강에서 죽으리라, 하는 생각이었다. 도미노는 힘없이 얼음 위로 뛰어올라 이 얼음 저 얼음으로 건너뛰다가 마지막 얼음 위에서 멈추었다. 그 앞은 시커먼 강물이었다.

도미노가 서 있는 동안 얼음이 갈라지면서 강으로 떠내려가기 시작했다. 얼음과 얼음 사이로 보이는 시커먼 강물은 점점 넓어졌다. 검은 여우는 가장 멀리 떨어져 떠내려가는 얼음 위에서 몸을 웅크렸다. 시커먼 강물에 얹힌 하얀 안장을 타고 있는 듯한 모습이었다.

강가의 사냥개들은 화가 나서 짖어 댔다. 그 와중에 헤클라는 강기슭에 밀려와 뒤엉킨 얼음 쪽으로 가서 가장자리로 뛰어올랐다. 저 멀리 떠내려가는 사냥감이 보였다. 헤클라는 얼음 위에서 울분과 증오의 울음소리를 토해 냈다. 아무것도 생각나지 않았다. 바로 그때 거침없이 흐르는 냉혹한 강물이 헤클라가 서 있는 얼음덩어리를 낚아챘다. 쫓기는 자와 쫓는 자, 여우와 사냥개는 같은 운명에 처했다. 둘은 불타는 저녁노을 속으로 떠내려갔다. 사냥개 무리와 말을 탄 젊은 사냥꾼이 강둑으로 달려왔다.

다른 사냥대의 한 농부가 여우를 향해 총을 겨누자, 애브너가 달려들어 총을 빼앗아 내던지면서 욕설을 퍼부었다. 그 뒤 애브너의 입에서 기다란 외침이 터져 나왔다. 그 소리는 잦아들었고, 사냥개 무리는 영문을 모른 채 서 있었다.

강굽이를 휘감아 돈 강물은 거칠게 흘렀다. 여기부터 하니스

죽음의 강

폭포까지는 강줄기가 곧고 길게 뻗어 있었다. 청년과 사냥개들은 가만히 서서 도미노와 헤클라를 바라보았다. 보랏빛과 붉은빛으로 물든 저녁놀, 그 밑으로 흐르는 붉은색과 보라색 강물이 눈에 들어왔다. 그 속에서 두 생명체를 태운 반짝이는 얼음이 멀어져 가고 있었다. 강물은 요동을 치고 안개는 짙어졌다. 저녁노을은 여전히 눈부셨다.

황금빛 햇살이 얼음과 강물, 그리고 은여우를 황금빛으로 물들였다. 그 모습은 세차게 흐르는 강물과 노을에 불타는 하늘 속으로 사라졌다. 얼음 위에 선 용사는 아무 소리도 내지 않았다. 그러나 불어오는 밤바람 속에서 죽음의 공포에 질린 사냥개는 길게 소리 내어 울었다.

젊은 사냥꾼 애브너가 소리쳤다.

"안녕, 내 오랜 친구! 가장 충실한 사냥개야!"

애브너의 목소리가 떨렸다.

"안녕, 은여우야! 너는 살아서 그랬듯이 마지막까지 승리자로 죽는구나. 너희 둘 다 구할 수 있기를 바랐는데, 둘 다 이렇게 죽다니! 잘 가라!"

더 이상 아무것도 보이지 않았다. 강가에 서 있던 사냥개들은 몸을 떨며 낑낑거렸다.

땅거미가 깔리고, 사냥꾼의 눈에는 아무것도 보이지 않았다.

하지만 그곳의 다른 눈들은 애브너가 보지 못한 장면을 지켜볼 수 있었다. 물살은 급류 앞의 마지막 지점을 향해 세차게 돌진했다. 이곳에서 맴돌이치는 소용돌이는 강기슭에 가까운 얼음을 물살 한가운데로, 가운데에 있던 얼음은 강기슭 쪽으로 밀어냈다.

그 와중에 쫓기는 자가 탄 하얀 말이 밀려나면서 한순간 바위를 스쳤다. 도미노는 기회를 놓치지 않았다. 도미노는 남아 있는 힘을 그러모아 껑충 뛰어올랐다. 그리고 검은 강물을 뛰어넘어 무사히 강기슭에 닿았다. 어린 시절부터 도미노의 친구였던 강은 어른이 된 뒤에도 여전히 좋은 친구였다.

저 멀리 급류 한가운데 얼음 위에서는 죽음을 예견한 사냥개가 구슬픈 소리를 길게 끌며 울었다. 사냥개의 모습은 안개 속으로 사라졌다. 세차게 흐르는 강물이 그 울음소리마저 삼켜 버렸다. 강은 지금까지 그날의 비밀을 간직하고 있다.

22

쇼밴 강은 그 뒤로 나이를 세 살 더 먹었다. 때는 축복의 달 6월, 숲에 '장미의 달'이 뜨는 나날이었다. 강 상류의 올라비 계곡보다 더 아름다운 골짜기는 없을 것이다. 그곳의 오솔길은 언제나 아름답지만, 장미의 계절 6월에는 특히 더 아름다웠다.

젊은 연인 한 쌍이 손을 잡고 고즈넉하고 아름다운 길을 걷고 있었다. 엄격한 기질이 엿보이는 각진 얼굴의 키 큰 청년과 파란 눈에 볼이 발그스름한 아가씨였다. 골더 산의 기억이 이 연인들에게 헤클라의 주인과 채소밭의 소녀였던 옛 시절을 생각나게 한 것일까?

두 사람은 날 저무는 산허리에 앉아 한참 동안 지는 해를 지켜보았다. 둘은 하루 중 가장 아름다운 그 시간의 고요에 마음을 빼앗겼다. 평화롭고 즐거운 시간이었지만, 두 사람 사이에는 어떤 그늘이 드리워져 있었다.

그때 두 사람 옆으로 꽃이 만발한 산비탈에서 어미여우가 나타나더니, 감추어진 집에서 새끼들을 불러냈다. 눈처럼 하얀 목덜미를 부풀린 채, 어미는 뛰노는 새끼들을 대견한 눈길로 지켜보았다. 그러는 동안 또 다른 모습이 다가왔다. 수풀이 잠시 가볍게 흔들리더니 아비여우의 모습이 보였다. 아비는 잡아 온 먹이를 내려놓고 몸을 일으켜 세웠다. 위풍당당한 은여우였다.

청년은 그 모습을 뚫어져라 바라보았다. 그리고 자기 손안에 들어 있던 소녀의 손을 꼭 쥐고는 살짝 의미심장한 눈길을 보낸 뒤 이렇게 속삭였다.

"바로 그놈이야! 녀석이 이겼어. 녀석이 살아 있었어. 짐작도 못했는데."

뒷날의 기록

그 말과 함께 둘 사이에 드리워져 있던 그늘은 순식간에 사라졌다.

강줄기 쪽에서 생각지도 못한 마지막 한 줄기 빛이 반짝거렸다. 그것은 한순간 찬란한 빛을 내뿜고 사라졌다. 승리 뒤에 고요가 찾아오듯이. 숨어 있던 빛은 아름답게 타올라 골짜기에 기쁨을 불러왔다. 쇼밴 강은 사시나무와 함께 오래전부터 들려주던 평화의 노래를 불렀다.

멧토끼 워호스의 위험한 경기

1

읍내에 멧토끼 워호스를 모르는 개는 거의 없었다. 첫 번째로, 아주 큰 갈색 개가 있었다. 녀석은 몇 번이나 워호스를 쫓아왔지만, 그때마다 워호스는 널빤지 울타리에 난 작은 구멍으로 빠져나가 도망을 쳤다. 두 번째로, 그 구멍을 통과할 수 있는 작고 빠른 개가 있었다. 이 개가 쫓아오면 워호스는 물살이 빠른 용수로를 뛰어넘어 녀석을 따돌렸다. 작은 개는 양쪽 가장자리가 가파르고 너비가 6미터나 되는 물길을 뛰어넘을 수 없었다. 그래서 그곳은 작은 개를 물리치는 '비법'이었다. 어린아이들은 지금도 그곳을 '멧토끼의 뜀틀'이라고 부른다.

그런데 읍내에는 멧토끼보다도 잘 뛰어오르는 그레이하운드가 한 마리 있었다. 녀석은 울타리에 난 구멍을 통과하지 못하는 대신 그 위로 훌쩍 뛰어넘을 수 있었다. 이 그레이하운드는 몇 번이나 워호스에게 따라붙었고, 멧토끼는 그때마다 요리조리 날쌔게 피하면서 오세이지오렌지 산울타리로 도망쳐 겨우 목숨을 건졌다. 그 밖에 워호스를 귀찮게 하는 크고 작은 개들이 있었지만, 그런 시시한 개들은 공터에서도 쉽게 따돌릴 수 있었다.

이 지역 농가들은 집집마다 개를 한 마리씩 길렀는데, 워호스가 정말 무서워하는 개는 딱 한 마리뿐이었다. 녀석은 다리가 길

고 사나운 검둥개로, 어찌나 빠르고 끈질긴지 워호스를 궁지에 몰아넣은 것도 벌써 여러 번이었다.

읍내에 사는 고양이들은 별로 신경 쓸 것도 없었다. 고양이들이 워호스에게 위협이 된 적은 한두 번뿐이었다.

어느 달 밝은 밤, 한동안 싸울 때마다 이겨서 우쭐해진 커다란 수고양이 한 마리가 풀을 뜯는 워호스 쪽으로 살금살금 다가왔다. 워호스는 시커먼 짐승이 이글거리는 눈빛으로 다가오는 것을 가만히 보고 있다가 녀석이 덮치기 직전에 온 힘을 모아 몸을 쭉 펴면서 발끝으로 서서 놈을 마주 보았다. 워호스는 넓적한 귀까지 쫑긋 치켜세워 키를 15센티미터나 키웠다. 그러고는 "쿠르쿠르." 하고 크게 소리치면서 1.5미터 앞에 있던 고양이 머리 위로 뛰어올라 날카로운 뒷발톱으로 머리를 내리찍었다. 늙은 고양이는 겁에 질려서 그 괴상한 두발짐승을 피해 꽁무니를 뺐다.

워호스는 전에도 몇 번 이런 속임수를 써서 적을 물리쳤지만, 실패의 쓴맛을 본 적도 두 번 있었다. 새끼들을 데리고 있던 어미고양이에게 이런 수법을 썼다가 걸음아 날 살려라 도망친 것이 한 번, 스컹크 머리 위로 쿵 하고 뛰어내리는 실수를 저지른 것이 또 한 번이었다.

그레이하운드는 무서운 적이었다. 멧토끼에게 해피 엔드로 막을 내린 특별한 모험이 없었다면, 워호스는 녀석에게 목숨을 잃

었을 것이다.

　워호스는 주로 밤에 먹이를 먹었다. 밤에는 적을 만날 일도 많지 않고 몸을 숨기기도 쉬웠다. 어느 겨울 새벽녘에도, 자주개자리(콩과에 속하는 여러해살이풀. 알팔파라고도 한다:옮긴이) 덤불에서 풀을 뜯으며 한참 동안 시간을 보낸 워호스는 넓게 트인 눈밭을 가로질러 안락한 잠자리로 가고 있었다.

　그런데 운이 나빴는지 때마침 동구 밖에서 이리저리 어슬렁거리던 그레이하운드와 딱 마주치고 말았다. 탁 트인 벌판인 데다 날이 점점 밝아와서 몸을 숨길 수도 없었다. 눈밭을 달리는 수밖에 없었다. 그러나 부드러운 눈은 그레이하운드보다 멧토끼에게 더 불리했다.

　그레이하운드와 멧토끼가 달리기 시작했다. 둘 다 훌륭한 달리기 선수들이었다. 눈 위를 어찌나 빠르게 달리는지, 발이 땅에 닿을 때마다 눈가루가 풀풀 흩날렸다. 둘 사이의 추격전은 이리저리 방향을 바꾸어 가면서 계속되었다. 배고픔, 추운 날씨, 발이 푹푹 빠지는 눈밭 등등 모든 것이 개에게 더 유리했다. 반면 멧토끼는 자주개자리를 너무 많이 먹어 몸까지 무거웠다. 하지만 힘을 내어 눈 덮인 벌판을 달려 나갔다. 어찌나 빠르게 달렸는지, 발이 닿는 곳마다 순식간에 눈구름이 퐁퐁 피어났다.

　추격은 한동안 이어졌다. 그곳에는 늘 워호스 편이 되어 주던 산울타리도 없었다. 울타리 쪽으로 가려고 할 때마다 그레이하운드가 길을 막았다. 멧토끼의 쫑긋한 귀가 아래로 처지기 시작했다. 심장 박동과 호흡이 약해졌다는 신호였다.

그 순간 워호스 머리에 달린 두 깃발이 다시 꼿꼿이 일어섰다. 갑자기 힘이 다시 솟구친 모양이었다. 워호스는 떨기나무가 죽 늘어서 있는 북쪽의 산울타리 쪽이 아닌, 동쪽의 평원으로 온 힘을 다해 달렸다. 그레이하운드도 뒤쫓아 왔다. 멧토끼는 50미터쯤 달려가다가 방향을 홱 바꾸어 사나운 추격자를 따돌렸다. 그러고는 다시 동쪽으로 달렸다.

한동안 방향을 바꾸어 가며 달리던 워호스는 바로 옆의 농장 쪽으로 곧장 나아갔다. 농장의 높은 널빤지 울타리에는 암탉이 드나드는 작은 구멍이 뚫려 있었다. 그리고 그 안에는 또 다른 무시무시한 적, 커다란 검둥개가 살고 있었다.

그레이하운드가 바깥쪽 산울타리에서 잠시 머뭇거리는 사이, 멧토끼는 암탉 구멍을 통해 앞마당으로 뛰어들어 한구석에 몸을 숨겼다. 그레이하운드는 낮은 출입문 쪽으로 돌아가서 문을 훌쩍 넘어 암탉들 사이로 뛰어들었다. 암탉들은 꼬꼬댁거리며 날개를 퍼덕거렸고, 양들은 큰 소리로 매애매애 울었다. 그러자 양들을 지키는 검둥개가 달려 나왔다. 워호스는 조금 전에 들어온 구멍으로 다시 몰래 빠져나갔다.

워호스의 등 뒤로 화난 검둥개와 그레이하운드가 무섭게 짖어 대는 소리가 들렸다. 뒤이어 사람들의 고함소리도 들렸다. 워호스는 일이 어떻게 끝났는지 알 수 없었고, 알고 싶지도 않았다. 하지만 그날 이후 뉴처슨 읍내에서 날쌘 그레이하운드에게 쫓기는 일은 두 번 다시 없었다.

2

살다 보면 오르막길도 있고 내리막길도 있게 마련이다. 그러나 최근 들어 캐스케이드 지방 멧토끼들에게는 힘든 날과 좋은 날의 기복이 아주 컸다. 멧토끼들은 먼 옛날부터 사나운 새와 짐승, 추위와 더위, 전염병, 그리고 병을 옮기는 날벌레들과 끊임없이 싸우면서 질긴 삶을 이어 왔다. 그런데 이 지역에 농민들이 자리 잡고 살면서 큰 변화의 물결이 몰려오기 시작했다.

수많은 사냥개와 총이 들어왔다. 그 결과 멧토끼의 천적인 코요테, 여우, 늑대, 오소리, 매의 수가 크게 줄면서 몇 년 사이 멧토끼의 수가 급격히 늘어났다. 하지만 그 뒤로 전염병이 걷잡을 수 없이 퍼지면서 토끼들은 거의 몰살당할 지경에 이르렀다. 그리고 가장 강하고 오래 단련된 토끼들만 살아남았다. 한동안 멧토끼는 거의 눈에 띄지도 않을 만큼 수가 줄었다.

그러다가 또 다른 변화가 찾아왔다. 사람들이 여기저기 심어 놓은 오세이지오렌지 산울타리가 새로운 피난처가 되어 준 것이다. 이제 멧토끼들은 빠른 발이 아닌 영리한 머리에 의지해 살아남을 수 있었다. 개나 코요테가 쫓아올 때, 눈치 빠른 멧토끼들은 가까운 산울타리로 달려가서 적이 더 큰 구멍을 찾는 동안 작은 구멍으로 빠져나가 도망을 쳤다.

여기에 대응해 코요테들은 협공 작전을 펼치기 시작했다. 한 마리가 울타리 한쪽 들판을 맡고 다른 한 마리가 울타리 건너편을 맡고 있다가, 멧토끼가 '산울타리 계략'을 쓰면 양쪽에서 덤벼드는 작전이었다. 이런 방법을 쓰는 코요테들은 사냥감을 쉽게 잡을 수 있었다. 코요테의 협공 작전에 토끼들도 대응책을 썼다. 좋은 눈으로 두 번째 코요테의 위치를 알아낸 다음 그쪽을 피해 도망치는 것이었다. 첫 번째 코요테를 따돌리기 위한 튼튼한 다리는 필수품이었다.

이런 까닭에 멧토끼의 수는 급격하게 늘다가 급작스럽게 줄어들고, 다시 엄청나게 불어나다가 크게 줄어들었는데, 지금은 다시 수가 늘고 있었다. 그동안 수많은 고비를 넘기고 살아남은 멧토끼들은 자신들의 조상이 한 철도 넘기지 못하고 목숨을 잃어야 했던 곳에서 번영을 누렸다.

멧토끼들은 넓게 트여 있는 목장이 아닌, 여기저기 울타리가 많이 쳐진 농가의 밭을 좋아했다. 아주 혼잡한 마을처럼 작은 밭이 다닥다닥 붙어 있는 곳이 가장 좋았다.

뉴처슨 철도역 부근에도 채소 농사를 짓는 마을이 생겨났다. 마을에서 1.5킬로미터 떨어진 곳에는 온갖 어려움을 겪고 살아남은 멧토끼들이 살았다. 그 녀석들 가운데 '초롱눈'이라는 작은 암토끼가 있었다. 그 잿빛 토끼가 잿빛 덤불 속에 앉아 있으면 초롱초롱 반짝이는 눈만 보인다고 해서 붙은 이름이었다.

초롱눈은 달리기도 잘했지만, 울타리를 이용해 코요테를 따돌리는 실력이 특히 좋았다. 초롱눈은 넓게 트인 목초지에 보금자리를 지었다. 초롱눈의 새끼들은 사람의 발길이 닿지 않는 오래된 초원 지대에서 나고 자랐다. 새끼 한 마리는 어미를 닮아 눈이 초롱초롱하고 털빛도 잿빛이었다. 녀석은 어미의 영리한 머리를 물려받았다. 게다가 평원에 새로 등장한 멧토끼들의 가장 훌륭한 특징들을 모두 나타내고 있었다.

이 새끼멧토끼가 앞으로 우리가 지켜볼 모험의 주인공 리틀 워호스이다. 리틀 워호스는 이 멧토끼가 경주에 참가하면서 얻은 이름으로, '작은 전투마'라는 뜻이다.

워호스는 자기 종족이 예전부터 써 오던 전략을 되살려 새롭게 활용하면서, 새로운 전략으로 오래된 적과 싸워 나갔다.

워호스는 아기였을 때 벌써 캐스케이드 지방에서 가장 똑똑한 토끼나 생각해 낼 만한 전략을 짜냈다. 몸집은 작지만 무시무시한 누렁이에게 쫓기고 있을 때였다. 워호스는 들판과 농장을 가로질러 이리저리 몸을 피하면서 개를 따돌리려고 했지만 결국 실패했다. 코요테를 따돌릴 때는 이런 방법이 효과적이었다. 농부와 개들이 코요테를 공격해서 자기도 모르는 사이에 멧토끼를 도와주었기 때문이다.

하지만 누렁이에게는 이런 수법이 먹혀들지 않았다. 놈은 울타리 하나를 지나고 또 다른 울타리를 지날 때까지 끈질기게 워호스를 쫓았다. 아직 어리고 경험도 부족한 워호스는 힘이 들었다. 꼿꼿이 서 있던 귀가 뒤로 처지기 시작했다. 워호스는 이따금씩 귀를 완전히 뒤로 젖히면서 오세이지오렌지 산울타리 밑의 작은 구멍으로 쏜살같이 빠져나갔다. 그러나 적은 조금도 지체하지 않고 멧토끼 바로 뒤에서 같은 구멍으로 빠져나와 계속 따라붙었다. 들판 한가운데에는 암소 몇 마리와 송아지 한 마리가 있었다.

궁지에 몰린 야생 동물들은 충동적으로 아무나 믿어 버리는 이상한 습성이 있다. 뒤에서 쫓아오는 적이 죽음을 뜻한다는 것을 알고는 물에 빠져 지푸라기라도 잡는 심정으로 낯선 동물이 내 편이 되어 줄지 모른다는 희망을 품는 것이다. 멧토끼 워호스는 마지막으로 남은 한 가닥 실낱같은 희망에 매달려 암소 쪽으

로 내달렸다.

　암소들은 토끼에게 무슨 일이 일어나든 아무 관심도 없었다. 하지만 개에 대해서는 뿌리 깊은 미움을 품고 있었다. 암소들은 자기 쪽으로 달려오는 누렁이를 보고 꼬리와 주둥이를 치켜들었다. 그러고는 성난 콧김을 내뿜으며 한데 모여서 개를 향해 달려들었다. 송아지의 어미인 암소가 앞장을 섰다. 멧토끼는 그 틈을 타서 키 작은 가시덤불에 몸을 숨겼다. 누렁이는 옆으로 비켜섰는데, 그 모습이 어미소에게는 송아지를 공격하려는 것처럼 보였다. 어미소는 무섭게 날뛰면서 개를 쫓았고, 개는 간신히 도망쳐 들판을 빠져나갔다.

　이것은 먼 옛날부터 써 온 수법이었을 것이다. 옛날에는 아메리카들소와 코요테였다가 오늘날에는 암소와 개로 바뀌었을 뿐이다. 멧토끼는 그 뒤로도 이 수법을 절대 잊지 않았고, 몇 번이나 같은 수법으로 위기를 벗어날 수 있었다.

　워호스는 재능도 특별했지만 털 빛깔도 특이했다. 동물의 털 빛깔은 대개 두 가지 중 하나이다. 첫째는 주위 환경과 비슷한 색깔로 몸을 감쪽같이 숨길 수 있게 해 주는 '보호색'이다. 다른 하나는 눈에 잘 띄는 선명한 색깔로 적에게 경고를 하는 것인데, 이를 '경계색'이라고 한다. 그런데 멧토끼 워호스는 특이하게도 보호색과 경계색을 모두 갖고 있었다.

워호스는 귀와 머리, 등, 옆구리가 연한 잿빛이었다. 그래서 잿빛 덤불이나 흙더미 사이에 가만히 웅크리고 있으면 배경과 완벽한 조화를 이루어 가까이 다가가기 전에는 눈에 띌 염려가 없었다. '보호색'을 지닌 것이다.

그런데 적이 너무 가까이 다가와서 아무래도 들킬 것 같으면, 발딱 일어나 쏜살같이 도망을 쳤다. 가면을 벗어던진 워호스에게서 잿빛은 온데간데없이 사라졌다. 눈 깜짝할 사이에 변신한 녀석의 뒷모습에서는 눈처럼 하얀 바탕에 끄트머리만 까만 귀, 새하얀 다리, 그리고 하얀 바탕에 까만 점 하나를 콕 찍어 놓은 듯한 꼬리만 보였다. 흰 바탕에 검은색이 섞인 '경계색'을 보여 주는 것이다.

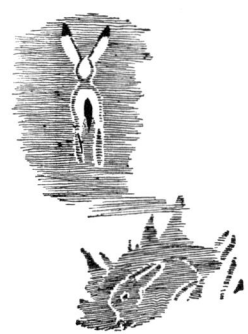

어떻게 이런 일이 일어나는 것일까? 간단하다. 워호스의 귀는 앞면은 잿빛이고 뒷면은 흰 바탕에 끄트머리 부분만 까맸다. 하얀 엉덩이로 둘러싸인 까만 꼬리와 하얀 다리는 숨겨져 있었다. 워호스가 앉을 때마다 그 부분들을 바닥에 대고 있었기 때문이다. 그렇게 가만히 앉아 있으면 잿빛 외투가 아래쪽으로 처지면서 아랫도리를 가리지만, 벌떡 일어나면 털외투가 위로 올라가면서 하얗고 까만 털이 확실히 드러났다. 조금 전까지만 해도 "나는 흙덩이야."라고 속삭이던 털 색깔이 이제 "난 사실은 멧토끼야."라고 소리 지르는 것 같았다.

이런 행동에 어떤 이점이 있을까? 목숨을 걸고 도망쳐야 하는 겁쟁이 동물이 어째서 몸을 숨기기는커녕 세상에 대고 자기 이름을 밝히는 것일까? 분명히 이유가 있을 것이다. 아무 이득도 없는데 그런 행동을 할 리는 없을 테니까.

답은 이랬다. 숨어 있는 멧토끼를 놀라게 한 것이 같은 종족이라면, 그러니까 적이 아니라면, 워호스의 행동은 멧토끼 나라의 깃발인 하얗고 까만 털을 내보여 실수를 바로잡는 것이다. 반대로, 다가온 게 코요테나 여우나 개라면 녀석의 행동은 그 짐승들에게 상대가 멧토끼라는 것을 알려 주는 것이다. 그 짐승들은 멧토끼를 쫓아가 봤자 공연히 시간만 낭비하리라는 것을 잘 알고 있었다. 녀석들은 멧토끼를 보면 이렇게 말하곤 했다.

"뭐야, 멧토끼잖아! 이런 벌판에서는 도저히 잡을 수 없어."

적이 순순히 포기하면 멧토끼는 쓸데없이 달리거나 마음을 졸일 필요가 없었다. 흰 바탕에 검은 점은 멧토끼 세계의 제복이자 깃발이었다. 약한 멧토끼들은 검은 점이 흐릿하지만, 우수한 토끼들은 대개 검은 점이 크고 색깔도 또렷했다.

리틀 워호스도 가만히 앉아 있을 때는 잿빛이지만, 여우나 코요테에게 도전장을 던질 때는 눈처럼 하얀 바탕에 숯처럼 까만 점들이 선명하게 드러났다. 여우나 코요테 앞에서 큰 힘을 들이지도 않고 달아나는 워호스는 하얗고 까만 멧토끼에서 점점 작아져 하얀 얼룩이 되었다가, 마침내 엉겅퀴 씨만 한 점이 되어 눈앞에서 사라졌다.

　농부들이 기르는 개들은 이런 교훈을 알고 있었다.

　"잿빛 토끼는 잡을 수도 있지만, 흰 바탕에 검은 점이 있는 토끼라면 포기해야 한다."

　개들이 잠시 멧토끼를 뒤쫓을 때도 있었지만, 이것은 단순히 심심풀이로 하는 행동이었다. 워호스는 힘이 점점 세지면서 심심풀이로 개들을 약 올려 자기 쪽으로 유인하거나, 약한 토끼라면 절대로 하지 않을 위험한 장난을 치기도 했다.

　다른 야생 동물들과 마찬가지로 워호스도 일정한 범위를 제 영역으로 정하고 그 바깥으로는 나가려 하지 않았다. 워호스의 영역은 마을 중심부에서 동쪽으로 4.5킬로미터까지 뻗어 있었다. 워호스는 자신의 영역 안에 수많은 '잠자리'를 만들었다. 멧토끼의 잠자리는 떨기나무나 풀덤불로 가려진 우묵한 땅에 불과했다. 그곳에 깔려 있는 것은 우연히 돋아난 풀이나 바람에 날려 온 낙엽뿐이었다. 그렇다고 안락하지 않다는 말은 아니다.

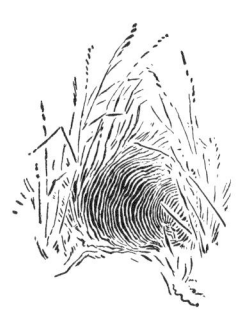

　잠자리에도 종류가 있었다. 북쪽을 향한 잠자리는 더운 날을 위한 것으로, 단순히 그늘만 졌을 뿐 바닥이 움푹 파이지도 않았다. 추울 때는 바닥이 깊이 파인 남향 잠자리를 이용했다. 비 오는 날에는 무성한 풀이 지붕을 이룬 서향 잠자리에서 지냈다. 워호스는 낮에는 이런 잠자리에서 지내다가 밤이 오면 밖에 나가 다른 멧토끼들과 함께 풀을 뜯거나 달빛 아래서 강아지처럼 신나게 뛰놀았다. 그리고 다시 해가 떠오르면 그날 날씨에 맞는 잠자리로 돌아가 편히 쉬었다.

멧토끼에게 가장 안전한 곳은 농장과 농장이 잇닿은 곳이었다. 그곳에서는 오세이지오렌지 산울타리와 함께 새로 등장한 가시철조망 울타리가 언제 나타날지 모르는 적들을 막아 주었다. 그렇지만 가장 맛있는 먹이는 마을 중심부에 더 가까운 채소 농장 한가운데에 있었다. 그곳은 가장 좋은 먹이가 있긴 하지만 가장 위험한 곳이기도 했다. 초원에서 마주치는 적들은 별로 없었지만, 그 대신 인간과 총, 개, 통과할 수 없는 울타리처럼 더 위험한 것들이 많았다.

그러나 워호스를 잘 아는 사람이라면 멧토끼가 채소 농장의 멜론밭 한가운데에 잠자리를 마련했다는 말을 들어도 눈 하나 깜짝하지 않을 것이다. 그곳에는 워호스를 노리는 위험한 것도 많았지만, 다른 한편으로 색다른 즐거움과 나는 듯 달아나야 할 때 이용할 수 있는 울타리 구멍도 많았다. 그리고 앞으로 워호스에게 도움이 될 방편들이 울타리 구멍보다도 더 많았다.

3

　뉴처슨은 전형적인 미국 서부 읍내였다. 읍내 전체가 어떻게 하면 더 흉해 보일지 내기라도 벌인 것처럼 볼품이 없었다. 도로는 볼거리 없이 밋밋하게 뻗어 있었다. 집들은 얇은 널빤지와 타르 입힌 종이로 벽을 발라 날림으로 지었고, 흉측한 모습을 가리려고 겉만 번드레하게 꾸며 놓았다. 가짜 현관을 만들어 2층처럼 보이려고 하거나 가짜 벽돌로 짓기도 하고, 대리석 신전을 흉내 낸 집도 있었다.

　하지만 이제껏 사람이 사는 집으로 쓰인 건물 가운데 이보다 더 볼품없는 것도 찾기 힘들 것이다. 집주인들은 '일 년만 참았다가 다른 데로 이사 가야지.' 하는 속셈인 것 같았다. 그곳에서 아름답고 자연스러운 것이 있다면 길게 늘어선 가로수뿐이었다. 허옇게 페인트칠을 한 나무줄기와 너무 짧게 가지치기를 해 버린 나뭇가지가 눈에 거슬리지만, 살아서 자라는 나무들은 그래도 사랑스러웠다.

　읍내에서 그나마 보기 좋은 건물은 대형 곡물 창고뿐이었다. 그리스 신전이나 스위스 별장을 흉내 내지 않고, 튼튼하고 투박하고 꾸밈없이 지은 건물이었다. 도로 끝에 서면 농가와 양수용 풍차가 여기저기 흩어져 있고 오세이지오렌지 산울타리가 길게

뻗어 있는 초원이 눈에 들어왔다.

적어도 이 산울타리에는 눈길을 끄는 것이 있었다. 튼튼하고 빽빽하게 높이 세워진 녹색 울타리에 점점이 박혀 있는 황금빛 열매가 그것이었다. 오세이지오렌지는 비록 먹을 수는 없지만, 이런 곳에서는 사막에 내리는 비보다도 반가운 존재였다. 긴 나뭇가지에 매달린 아름다운 황금빛 열매가 연녹색 나뭇잎과 어울려 따분한 풍경에 생기를 불어넣었기 때문이다.

이런 읍내를 찾아온 사람은 어떻게든 한시바삐 벗어나고 싶어 한다. 어느 늦겨울, 그곳에서 이틀을 머문 나그네도 같은 심정이었다. 나그네는 사람들에게 읍내에 무슨 볼거리가 있느냐고 물었다. 사람들이 권하는 대로 술집에서 하얀 사향쥐 박제도 보고, 40년 전 인디언들에게 머리 가죽이 벗겨졌던 배키 불린 영감도 만나보고, 변경 개척자로 유명한 킷 카슨이 피웠다는 담뱃대도 구경했지만 따분하긴 마찬가지였다. 그래서 나그네는 아직 하얀 눈으로 덮여 있는 초원으로 향했다.

수많은 개 발자국 사이에서 특이한 발자국 하나가 나그네의 눈길을 끌었다. 커다란 멧토끼 발자국이었다. 나그네는 지나가는 사람에게 읍내에 토끼가 사느냐고 물었다.

"아닐 거예요. 한 마리도 못 본걸요."

지나가던 사람이 대답했다. 방앗간 일꾼에게 물어도 같은 대답이었다. 하지만 신문 꾸러미를 끼고 있던 사내아이의 이야기는 달랐다.

"확실히 있어요. 저쪽 초원에는 정말 많이 살아요. 마을에도 많이 찾아와요. 그리고 캘브 아저씨네 멜론밭에는 무지무지 큰 놈이 살아요. 정말 엄청나게 큰 놈이에요. 그 토끼는 털 색깔이 체스 판처럼 하얗고 까매요!"

나그네는 그 말을 듣고 동쪽으로 발길을 돌렸다.

'정말 엄청나게 큰 놈'은 바로 리틀 워호스였다. 워호스는 캘브 씨네 멜론밭에서 사는 게 아니라 이따금 찾아갈 뿐이었다. 그리고 지금은 멜론밭이 아닌 서향 잠자리에 있었다. 동쪽에서 쌀쌀한 바람이 불어왔기 때문이다. 그 잠자리는 매디슨 가에서 동쪽으로 있어서 멧토끼는 낯선 나그네가 터벅터벅 걸어오는 모습을 지켜볼 수 있었다. 나그네가 길을 따라 걷는 동안 멧토끼는 꼼짝도 하지 않았다.

그런데 길이 북쪽으로 구부러진 곳에서, 나그네는 어쩐 일인지 길을 따라가지 않고 그대로 똑바로 걸어왔다. 순간 멧토끼는 성가신 일이 벌어지리라는 것을 알았다. 워호스는 나그네가 사람들 발길에 다져진 길을 벗어나자마자 잠자리에서 뛰쳐나왔다. 그리고 방향을 바꾸어 동쪽 초원을 가로질러 달리기 시작했다.

적을 피해 달아나는 멧토끼는 대개 한 번에 2, 3미터를 건너뛰면서, 대여섯 번에 한 번씩 망보기 뜀을 한다. 망보기 뜀은 거의 제자리에서 공중으로 높이 뛰어올라 주위를 둘러보는 것이다. 어수룩한 어린 멧토끼들은 네 번 뛰고 한 번씩 망보기 뜀을 해서 시간을 낭비한다. 영리한 멧토끼들은 여덟아홉 번에 한 번씩 망보기 뜀을 하면서 주위를 살핀다. 그러나 워호스는 빨리 도망칠 때면 열두 번에 한 번씩 망보기 뜀을 하면서도 필요한 정보를 다 얻었다. 그리고 한 번 뛸 때마다 3, 4미터씩 나아갔다.

워호스의 특징은 땅에 남긴 발자국에도 고스란히 나타났다. 솜꼬리토끼들은 달리는 동안 꼬리를 바짝 말아 올려서 꼬리가 눈에 닿지 않게 한다. 하지만 멧토끼는 꼬리를 아래나 뒤로 향하고 뛰는데, 저마다 꼬리 끝을 구부리기도 하고 곧게 뻗기도 한다. 어떤 멧토끼는 꼬리 끝을 똑바로 늘어뜨리고 뛰어서 발자국 뒤에 작은 꼬리 자국이 찍히곤 한다. 워호스에게도 이런 습관이 있었다. 그리고 까맣고 반질반질한 꼬리가 유난히 길어서 한 번 뛰어오를 때마다 눈 위에 긴 꼬리 자국이 남았다. 그 자국만 보고도 누가 다녀갔는지 알 수 있을 정도였다.

개 없이 혼자 다니는 사람을 보고 두려움에 떠는 토끼는 그리 많지 않다. 하지만 워호스는 총을 든 사람에게 공격당한 적이 있어서 사람들이 멀리서도 자기를 죽일 수 있다는 것을 알았다. 그래서 적이 75미터 안으로 다가오자 얼른 도망쳤다. 워호스는 몸

망보기 뜀을 하는 워호스

을 낮추고 동쪽으로 뻗은 울타리를 향해 남동쪽으로 달렸다. 녀석은 울타리를 뒤로하고 땅을 스치듯이 낮게 나는 매처럼 1.5킬로미터를 달려서 다른 잠자리에 도착했다. 워호스는 발뒤꿈치로 서서 주위를 살피고 그곳에서 숨을 돌렸다.

그러나 달콤한 시간은 오래가지 않았다. 20분쯤 지났을까? 땅바닥 가까이 대고 있던 커다란 확성기 같은 워호스의 귀에 규칙적인 소리가 들리기 시작했다. 저벅, 저벅, 저벅……. 사람 발걸음 소리였다. 워호스는 벌떡 일어났다. 반짝이는 막대기를 든 사람이 다가오는 것이 보였다.

워호스는 잠자리에서 뛰어나와 울타리로 달렸다. 그리고 철조망 울타리를 빠져나간 뒤에야 망보기 뜀을 했다. 사실 이번에는 이렇게 조심할 필요도 없었다. 나그네는 발자국을 뒤쫓아 움직일 뿐, 토끼는 그림자도 보지 못했기 때문이다.

멧토끼는 몸을 낮추고 달리면서 또 다른 적이 있는지 살펴보았다. 이제 워호스는 나그네가 자기를 쫓고 있다는 것을 확실히 알았다. 그러자 조상 대대로 족제비를 피하면서 생겨난 본능이 자기가 지나온 길을 다시 밟아 가는 수법을 써야 할 때라고 말해 주었다. 워호스는 멀리 떨어진 울타리까지 똑바로 달려갔다. 그리고 울타리 건너편에서 울타리를 따라 50미터쯤 움직인 뒤 자기 발자국을 되밟아왔다. 그러고는 다시 방향을 바꾸어 다른 잠자리에 이르렀다.

워호스는 밤새도록 밖에 있었기 때문에 녹초가 될 지경이었다. 하얀 눈밭 위로는 벌써 햇살이 부서지고 있었다. 그런데 잠자리에 온기가 돌기도 전에 다시 '저벅저벅' 하는 소리가 들리기 시작했다. 워호스는 다시 한 번 급히 도망쳤다.

1킬로미터쯤 달렸을까? 워호스는 약간 오르막이 진 곳에서 발길을 멈추고 적의 위치를 확인했다. 나그네는 아직도 워호스의 뒤를 따라오고 있었다. 그래서 이번에는 한쪽 방향으로 가다가 방향을 홱 꺾는 방법을 쓰기로 했다. 앞에서 이쪽저쪽 자꾸 방향을 바꾸어 움직이면 대부분의 추적자는 당황해서 더 이상 쫓아올 엄두를 내지 못했다. 워호스는 한동안 그렇게 움직이다가 가장 마음에 드는 잠자리를 지나쳐 100미터쯤 달려간 다음, 다른 쪽으로 빙 돌아서 잠자리로 돌아왔다. 그리고 이제는 확실히 적을 따돌렸을 거라고 생각하며 휴식을 취했다.

그러나 아까보다는 느려졌지만 여전히 '저벅, 저벅, 저벅' 하는 발소리가 들려왔다.

워호스는 가만히 일어나 앉아 꼼짝도 하지 않았다. 발자국을 쫓는 나그네는 워호스를 지나쳐서 그대로 100미터쯤 걸어갔다. 나그네는 계속 걷고 있었다. 이제 워호스는 여느 때와는 다른 방법을 써야 한다는 것을 깨달았다. 워호스는 눈에 띄지 않게 조심

조심 잠자리에서 나왔다.

둘은 지금까지 워호스의 영역을 둘러싸고 커다란 원을 그리며 움직였다. 여기에서 1킬로미터 남짓 떨어진 곳에 검둥개가 사는 농장이 있었다. 그리고 암탉이 드나드는 구멍이 뚫린 멋진 널빤지 울타리가 있었다. 좋은 기억이 깃든 곳이었다. 워호스는 몇 번이나 그곳에서 적을 따돌렸다. 그레이하운드를 물리친 짜릿한 기억도 남아 있었다.

워호스가 처음부터 적을 이용해서 다른 적을 치려는 계획을 세웠다기보다는 그저 이런 기억에 끌렸다고 해야 할 것이다. 워호스는 제 모습을 드러낸 채 눈밭을 가로질러 커다란 검둥개가 있는 울타리로 뛰어갔다.

암탉 구멍은 막혀 있었다. 그러나 워호스는 당황하지 않고 주위를 돌아다니면서 다른 구멍을 찾았다. 구멍을 찾을 수는 없었지만, 앞쪽으로 돌아가자 활짝 열린 대문이 보였다. 그 안에서 검둥개가 널빤지를 깔고 깊이 잠들어 있었다. 암탉들은 마당 한쪽에 옹기종기 모여 해바라기를 하고 있었다. 워호스가 대문 앞에 멈추어 섰을 때는 집고양이가 헛간에서 살금살금 부엌으로 가고 있었다.

저 멀리 하얀 눈으로 덮인 비탈진 초원에서는 워호스를 뒤쫓는 검은 그림자가 천천히 걸어 내려오고 있었다. 멧토끼는 조용

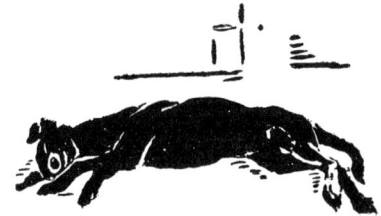

히 마당 안으로 뛰어들어 갔다. 토끼가 다가오는 것을 본 다리긴 수탉이 그예 참지 못하고 커다랗게 "꼬끼오!" 하고 울었다. 햇볕을 쬐며 누워 있던 개가 고개를 들고 일어났다. 바람 앞의 등불이 따로 없었다. 워호스는 순식간에 몸을 웅크리고 잿빛 흙덩이로 변신했다. 영리한 행동이었다.

하지만 고양이가 아니었다면 워호스는 목숨을 잃었을지도 모른다. 고양이가 저도 모르는 사이에 워호스를 구해 준 것이다. 멧토끼가 있다는 것을 모르는 검둥개가 워호스 쪽으로 세 발짝을 옮기면서 마당에서 빠져나갈 유일한 길이 가로막히는 순간, 고양이가 집 모퉁이를 돌아서 창턱으로 뛰어오르다가 화분 하나를 아래로 떨어뜨렸다.

고양이의 서툰 행동 탓에 고양이와 개 사이에 유지되던 휴전 상태가 깨졌다. 고양이는 헛간으로 도망쳤다. 물론 도망치는 적을 보고 그냥 놓아둘 개가 아니었다. 고양이와 검둥개는 몸을 웅크린 멧토끼에게서 10미터도 떨어지지 않은 곳을 지나쳐 갔다. 고양이와 검둥개가 사라지자 멧토끼는 고맙다는 인사 한마디 없이 공터로 나가 사람들 발길에 다져진 길로 도망을 쳤다.

고양이를 구해 준 것은 안주인이었다. 그리고 나그네가 멧토끼 뒤를 쫓아 농장에 도착했을 때, 개는 다시 널빤지를 깔고 편히 드러누워 있었다. 나그네는 총을 갖고 있지는 않았지만, 그

대신 튼튼한 몽둥이를 가지고 있었다. 그것을 본 개는 자기 사냥감의 적에게 덤벼들 엄두를 내지 못했다.

이것으로 추격전은 끝난 것 같았다. 계획적이었든 아니든 멧토끼의 수법은 성공을 거두었고, 골치 아픈 추적자를 따돌릴 수 있었다.

이튿날, 다시 멧토끼를 찾아 나선 나그네는 멧토끼는 발견하지 못했지만 발자국은 찾아냈다. 나그네는 꼬리가 찍힌 자국과 한 번에 멀리 뛴 거리, 그리고 드문드문한 망보기 뜀의 흔적을 보고 워호스라는 것을 알았다.

그런데 그 발자국 옆에 작은 토끼 발자국이 나란히 나 있었다. 두 토끼가 거기에서 만나 장난치면서 서로를 쫓아다닌 흔적이 남아 있었다. 싸운 흔적은 찾아볼 수 없었다. 두 토끼는 풀을 뜯고, 나란히 앉아 해바라기를 하고, 저쪽으로 함께 갔다가 다시 돌아와 눈밭에서 장난을 쳤다. 둘은 늘 함께였다. 결론은 단 하나, 때는 바야흐로 짝짓기의 계절이었다. 멧토끼 리틀 워호스가 짝을 찾아 결혼을 한 것이다.

4

이듬해 여름은 멧토끼들의 전성기였다. 매와 올빼미를 잡아오는 사람에게 보상금을 지급하는 멍청한 법이 만들어지는 바람에 날개 달린 경찰관들이 떼죽음을 당했다. 그 결과 토끼의 수가 엄청나게 늘어나 이제는 토끼들이 온 땅을 황폐하게 만들 지경에 이르른 것이었다.

그 보상금 법을 만든 사람들은 물론이고 그 법의 피해자인 농부들이 모여 대대적인 토끼몰이를 하기로 결정했다. 약속한 날 아침, 지역 주민들이 북쪽의 넓은 도로에 모두 모였다. 바람을 안고 읍내를 샅샅이 훑어서 촘촘한 철망으로 만든 거대한 덫울타리 안으로 토끼들을 몰아넣을 계획이었다. 개와 총은 사용을 금지했다. 개는 통제하기가 쉽지 않고, 많은 사람이 모인 곳에서 총을 사용하는 것은 위험하기 때문이었다.

남자들은 어른 아이 할 것 없이 긴 막대기 두 개와 돌멩이가 가득 든 자루를 들고 행사에 참가했다. 여자들은 말이나 마차를 타고 왔는데, 큰 소리를 내려고 딸랑이며 나팔, 양철깡통을 가져왔다. 마차 뒤에 빈 깡통을 한 줄로 길게 매달거나, 나뭇가지를 바퀴살에 부딪치도록 엮어서 귀청이 떨어져라 시끄러운 소리를 내기도 했다. 토끼의 청각은 놀랄 만큼 예민하다. 사람 귀에 거슬릴 정도로 시끄러운 소리라면 토끼들에게는 세상이 무너지는 소리처럼 들린다.

토끼몰이하기에는 딱 좋은 날씨였다. 아침 여덟 시에 출발 신호가 떨어졌다. 처음에는 3, 40미터마다 남자들을 한 명씩 배치해서 토끼몰이 대열의 전체 길이는 8킬로미터에 이르렀다. 마차와 말 탄 사람들은 길을 따라 배치하는 수밖에 없었다. 몰이꾼들은 모든 상황을 살피면서 선두의 대열이 무너지지 않게 했다.

토끼몰이 대열은 'ㄷ'자를 이루어 토끼들을 포위한 상태로 전진했다. 사람들은 되도록 큰 소리를 내면서 덤불마다 들쑤시며 훑고 지나갔다. 그 속에서 토끼들이 튀어나왔다. 토끼몰이 대열 쪽으로 도망친 토끼들은 비 오듯 쏟아지는 돌멩이에 맞아 죽었다. 어쩌다 한두 마리 도망치는 토끼도 있었지만, 대부분은 토끼몰이 대열 앞에서 죽었다.

처음에는 눈에 띄는 토끼가 그리 많지 않았지만, 5킬로미터쯤 전진하자 사방에서 토끼들이 튀어나왔다. 세 시간 동안 8킬로미터를 전진하자 양쪽 날개에 포위하라는 지시가 떨어졌다. 남자들 사이의 간격은 3미터 이하로 좁혀졌다. 양쪽으로 긴 날개가 펼쳐진 전체 토끼몰이 대열은 덫울타리를 중심으로 모여들었다. 그리고 대열의 양쪽 끝이 연결되면서 완벽한 포위망이 만들어졌다.

대열은 점점 더 빠르게 행군하며 포위망을 좁혔다. 몰이꾼들 가까이 달려간 토끼 수십 마리가 죽었다. 여기저기 죽은 토끼들이 바닥에 널려 있는데도 토끼의 수는 점점 더 많아지는 것 같았다. 토끼들을 덫울타리에 몰아넣기 전에 마지막 행군이 이루어졌다. 사람들로 에워싸인 사방 100미터의 좁은 공간은 이리저리 허둥지둥 달리고 뛰어오르는 수많은 토끼로 눈이 핑핑 돌 지경이었다.

토끼들은 어떻게 해서든 도망을 치려고 빙글빙글 맴돌면서 뛰어올랐다. 하지만 포위망이 점점 더 좁혀지면서 무자비한 사람들의 대열은 점점 더 빽빽해졌다. 토끼들은 비탈을 따라 좁은 덫울타리 안으로 폭포수처럼 들어갈 수밖에 없었다. 그 안에서 덫울타리 한가운데 멍청하니 웅크려 앉은 토끼들도 있었고, 바깥 벽을 따라 계속 달리는 토끼들도 있었다. 또 어떤 토끼들은 다른 토끼의 몸 밑이나 구석으로 기어들어 숨으려고 했다.

그러면 그 와중에 리틀 워호스는 어디서 무엇을 하고 있었을까? 워호스는 토끼몰이 대열이 밀려오자 가장 먼저 덫울타리에 뛰어든 토끼 가운데 하나였다.

그런데 덫울타리 안에는 토끼들을 선별하기 위한 흥미로운 장치가 놓여 있었다. 사람들은 가장 뛰어나고 건강한 토끼들만 남기고 다른 토끼들은 모두 죽일 계획이었다. 덫울타리에 든 토끼들 중에는 건강하지 않은 토끼도 많았다. 모든 야생 동물이 순수하고 완벽하다고 생각하는 사람들은 덫울타리 안에 들어간 수천 마리 멧토끼 가운데 다리를 절거나, 발이 잘렸거나, 병에 걸린 것이 얼마나 많은지 알게 되면 깜짝 놀랄 것이다.

그곳에서는 고대 로마식 선발이 이루어질 예정이었다. 어중이떠중이 토끼 죄수들은 몰살하고 가장 우수한 죄수들만 원형 경기장으로 보내는 것이다. 원형 경기장? 그렇다. 그리고 그 원형 경기장의 맹수는 그레이하운드였다.

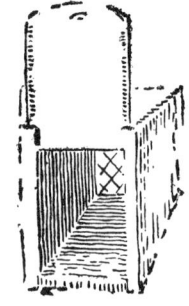

덫울타리 안쪽 벽에는 500개쯤 되는 작은 상자가 늘어서서 토끼들을 기다리고 있었다. 상자의 크기는 토끼 한 마리가 들어가면 딱 맞을 정도였다.

토끼몰이가 막바지에 이르면서, 가장 빠른 멧토끼들이 가장 먼저 덫울타리 안으로 들어갔다. 어떤 토끼들은 빠르지만 멍청했다. 그런 녀석들은 덫울타리 안을 미친 듯이 빙글빙글 맴돌았다. 빠르고 똑똑한 토끼들도 있었다. 그 녀석들은 재빨리 작은 상자 안에 몸을 숨겼다.

작은 상자들이 하나하나 차면서 가장 빠르고 머리 좋은 토끼 500마리가 선발되었다. 절대적으로 정확하다고는 할 수 없지만, 가장 간단하고 편리한 방법이었다. 이 500마리의 토끼는 앞으로 그레이하운드에게 쫓길 운명이었다. 구름처럼 밀려온 나머지 4천여 마리는 무자비하게 몰살당했다.

눈빛이 초롱초롱한 멧토끼 500마리가 담긴 500개의 작은 상자는 바로 그날로 열차에 실렸다. 그중 하나에 멧토끼 리틀 워호스가 들어 있었다.

5

   토끼들은 재난을 가볍게 받아들이는 편이다. 그래서 한바탕 미친 듯한 대학살의 바람이 휩쓸고 지나간 뒤에도 상자 속 멧토끼들은 심한 공포를 느끼지 않았다.

   토끼들은 어느 대도시 근처에 있는 토끼 사냥 경기장에 도착했다. 그곳 사람들은 아주 조심스러운 손길로 토끼를 한 마리 한 마리 상자에서 꺼냈다. 로마의 간수들도 죄수들을 조심스럽게 다루었다. 죄수를 잘 관리하는 게 그들의 일이었기 때문이다. 멧토끼 죄수들은 거의 불만이 없었다. 울타리로 둘러싼 넓은 마당에는 맛있는 먹이가 얼마든지 있었고, 귀찮게 구는 적은 하나도 없었다.

   바로 이튿날 아침부터 훈련이 시작되었다. 출입구 스무 군데가 열리자 눈앞에 더 넓은 마당이 펼쳐졌다. 토끼 사냥 경기장이었다. 수많은 멧토끼가 경기장으로 나가서 이리저리 돌아다녔다. 잠시 후 청년들이 몰려와 크게 소리치면서 토끼들을 되쫓자, 토끼들은 모두 원래 있던 작은 마당으로 몰려들어 갔다. 그곳이 '피난처'였던 것이다. 며칠 동안 이런 일이 되풀이되면서 멧토

끼들은 어느 출입구 하나를 통해 피난처로 돌아가야 안전하다는 것을 알게 되었다.

이제 두 번째 훈련이 시작되었다. 토끼들은 모두 옆문으로 쫓겨 가서 경주로에 들어섰다. 경주로는 토끼 사냥 경기장의 삼면을 돌아서 맞은편에 있는 또 다른 울타리로 이어져 있었다. 토끼들이 쫓겨 나온 곳이 출발선이었다. 출발선의 문은 토끼 사냥 경기장으로 통해 있었다. 그 문이 열리고 토끼들이 몰려나오기 시작하자, 숨어 있던 청년과 개들이 튀어나와 경기장을 가로질러 토끼들을 쫓았다. 토끼들은 깡충깡충 뛰어서 달아났다. 어린 토끼들은 습관대로 망보기 뜀을 했다.

그런데 맨 앞에서 몸을 낮추고 미끄러지듯이 달려가는 토끼 한 마리가 있었다. 흰 바탕에 새까만 점이 있는 멋쟁이로, 울타리 안에 있을 때부터 미끈한 다리와 초롱초롱한 눈이 눈에 띄던 녀석이었다. 경기장에 나온 녀석은 힘든 기색도 없이 선두를 달리면서 다른 토끼들이 보통 개들을 앞서 나간 거리만큼 다른 토끼들을 앞서 나갔다.

"저기 좀 봐. 저 녀석, 꼭 작은 전투마 같은데!"

인상이 좋지 않은 아일랜드계 사육사가 외쳤다. 우리의 멧토끼가 작은 전투마, 즉 리틀 워호스라는 이름을 얻게 된 내력이다. 경기장을 반쯤 가로질러 달려간 멧토끼들은 피난처를 기억해 냈다. 토끼들이 피난처로 몰려들어 가는 모습은 마치 눈구름이 피어오르는 것 같았다.

두 번째 훈련은 이런 식으로 이루어졌다. 출발선으로 삼은 우리에서 나와 곧장 피난처로 달려가는 것이다. 모든 토끼가 일주일 동안 그 훈련을 받았으니, 이제 대대적인 토끼 사냥 대회 개막식만 남아 있었다.

리틀 워호스라는 이름은 조련사와 구경꾼들 사이에서 꽤 유명해졌다. 워호스의 털 색깔은 어디서나 눈에 띄었다. 녀석은 함께 도망치는 귀가 긴 친구들 사이에서도 지도자로 인정받았다. 사람들이 토끼 경주에 대해 말하거나 내기를 걸 때마다, 개들과 함께 워호스의 이름이 입에 오르내렸다.

"디그넘 씨가 올해도 밍키를 출전시킬까요?"

"그럼 나는 리틀 워호스가 밍키와 밍키 짝을 이긴다는 데 걸겠네."

그 말을 들은 개 주인이 발끈해서 말했다.

"특별관람석을 통과하기도 전에 우리 젠이 워호스를 잡는다는 데에 세 배 걸지."

그러자 미키가 끼어들었다.

"나도 그 내기에 몇 달러 걸어야겠어요. 아니지! 경주가 끝날 때까지 어떤 개도 워호스를 잡지 못한다에 내 한 달 치 월급을 걸지요."

사람들은 이렇게 입씨름을 벌이며 내기를 했다. 그런데 하루하루 달리기 훈련을 할 때마다 워호스의 놀라운 재능을 알아보는 사람이 점점 더 많아졌다. 많은 사람들이 워호스 덕분에 가장 우수한 그레이하운드들이 출발선에서 특별관람석을 지나 피난처까지 똑바로 토끼를 추격하는, 지금까지 보지 못한 놀라운 장면을 보게 될 거라고 생각했다.

대회 첫날, 찬란한 아침 햇살이 화창한 날을 예고하고 있었다. 정면의 특별관람석은 도시에서 경주를 보러 온 사람들로 만원이었다. 관람석 밑으로 일반적인 경주로가 펼쳐져 있었다. 여기저기서 조련사들이 그레이하운드 한두 마리를 끌고 나오는 모습이 보였다. 담요를 걸친 그레이하운드들은 탄탄한 다리와 뱀 같은 목, 맵시 있는 머리와 도마뱀처럼 생긴 긴 턱, 날카롭고 신경질적인 누런 눈을 보여 주었다. 그레이하운드는 자연의 힘에 인간의 솜씨가 합쳐져서 빚어낸 작품으로, 살과 피로 이루어진 것 가운데 가장 뛰어난 달리기 기계였다.

그레이하운드의 주인들은 그 개들을 보석처럼 아끼고 아기처

럼 보살폈다. 또한 그레이하운드가 수상한 물체에 코를 대고 냄새를 맡거나 아무거나 집어 먹지 않도록 각별히 주의를 기울였다. 낯선 사람이 그레이하운드에게 다가오는 것도 피했다. 그 개들에게는 큰돈이 걸려 있었다. 교묘하게 놓인 압정, 이물질을 넣은 고기, 그리고 인공 향료가 젊고 우수한 그레이하운드를 기운 없는 느림보로 만들 수 있었다. 이런 일은 개 주인에게 '파멸'을 뜻했다.

개들은 두 마리씩 짝을 지어 경기에 참가했는데, 각 경기는 그 두 마리의 대결이라고 할 수 있었다. 경기가 끝나면 승자끼리 다시 짝을 이루어 대결을 펼쳤다. 경기마다 멧토끼 한 마리를 출발점인 우리에서 내보내게 되어 있었다. 맞수인 두 마리 개의 목줄은 개 출발 담당 요원이 쥐고 있다가 토끼가 어느 정도 멀리 도망치면 줄을 놓아서 개들을 동시에 출발시킨다. 진홍색 외투를 입은 심판이 말을 타고 경기장 안에 있다가 추격하는 개들 뒤를 쫓아갔다.

훈련이 잘된 멧토끼들은 탁 트인 경기장을 가로질러 피난처 쪽으로 달려갔다. 특별관람석에서는 그 장면이 한눈에 들어왔다. 사냥개들은 멧토끼를 쫓았다. 개가 바짝 다가와 위험해지면 멧토끼는 살짝 몸을 피해 달아났다. 멧토끼가 방향을 바꿀 때마다 그렇게 하도록 만든 사냥개가 점수를 얻으며, 멧토끼를 죽이면 무조건 이겼다.

　가끔은 출발선에서 100미터도 채 못 가서 붙잡혀 죽는 토끼도 있었다. 너무 약한 토끼들이었다. 대부분은 특별관람석 앞에서 잡혀 죽었다. 그런데 매우 드문 일이지만, 멧토끼가 드넓은 경기장의 800미터가 넘는 거리를 요리조리 피해 다니면서 시간을 벌어 피난처까지 안전하게 도망치는 경우도 있었다.

　경기의 마지막 장면은 네 가지로 나눌 수 있었다. 첫째, 토끼가 금방 죽는다. 둘째, 토끼가 재빨리 피난처까지 도망친다. 셋째, 처음에 뛰던 개들이 더운 날씨에 너무 오랫동안 빨리 달리다가 심장에 무리가 와서 새로운 사냥개 두 마리로 교체된다. 끝으로, 토끼가 이리저리 피해 다니면서 개들의 힘을 빼놓지만 피난처까지 가지는 못하는 경우인데, 이때는 장전된 총이 기다리고 있다.

　캐스케이드 지방 토끼 사냥 대회에도 경마만큼이나 속임수를 쓰거나 사기를 치려는 사람이 많았다. 따라서 심판이 공정하게 이루어지도록 감시하고 개들이 공정하게 출발하도록 돕는 진행요원들이 필요했다.

　대회를 앞두고 어느 돈 많은 남자가 '우연히' 아일랜드 출신 청년 미키를 만났다. 얼핏 보면 그때 그 남자는 미키에게 엽궐련 한 대를 건네주었을 뿐이다. 그런데 미키는 엽궐련에 불을 붙이

기 전에 겉을 싸고 있던 초록색 종이 한 장을 벗겨 냈다. 그리고 이런 말이 오갔다.

"자네가 내일 개를 풀어 주는 요원이 되고 디그넘의 밍키에게 문제가 생긴다면, 엽궐련 한 대를 더 주지."

"제가 그 일을 맡기만 한다면야 밍키가 1점도 못 따게 손을 쓰는 건 식은 죽 먹기입죠. 그런데 밍키와 함께 경기에 나온 개도 똑같이 재수가 없겠네요."

그 남자는 귀가 솔깃한 모양이었다.

"흐음, 얘기가 그렇게 되는군. 좋아, 그렇게 하지. 내 엽궐련 두 대를 주겠네."

개의 출발을 담당한 슬라이먼은 늘 공정하게 일을 처리했으며, 자기에게 접근하는 사람들을 경멸했다. 이런 사실이 잘 알려져 있어서 거의 모든 사람이 슬라이먼을 신뢰했다.

하지만 불만을 품은 사람도 있었다. 그래서 번드레하게 차려입은 남자가 대회 관리 책임자를 찾아가 중대한 부정행위가 있었다고 나름대로 근거를 대면서 공식적으로 문제를 삼자, 주최 측에서는 조사가 이루어지는 동안 슬라이먼의 개 출발 담당 요원 자격을 일시 정지시키는 수밖에 없었다. 그리고 그 일을 미키가 대신하게 되었다.

미키는 가난했으며 특별히 양심적인 사람도 아니었다. 그런데

일 년 걸려 벌 돈을 단 일 분 만에 벌 수 있는 기회가 찾아온 것이다. 그렇게 나쁜 일 같지도 않았고, 개나 토끼를 해치는 일도 아니었다.

멧토끼는 모두 비슷비슷했다. 누구나 알고 있는 사실이었다. 그렇지만 그것은 다른 멧토끼들 얘기였다.

예선전이 끝났다. 멧토끼 50마리가 도망을 치다가 죽었다. 미키는 자신이 맡은 일을 잘 처리하고 있었다. 개들을 모두 공정하게 풀어 준 것이다. 미키는 여전히 개를 풀어 주는 일을 맡고 있었다. 이제 본선만 남았다. 우승컵과 엄청난 판돈이 걸린 본선 경기가.

7

날씬하고 우아한 개들이 제 차례를 기다리고 있었다. 밍키와 경쟁자가 첫 번째 차례였다. 지금까지 모든 일이 공정하게 진행되었기 때문에, 어느 누구도 진행이 불공정하게 이루어질 거라는 생각은 하지 못했다. 미키는 자기 마음대로 멧토끼를 내보낼 수 있었다.

"3번!"

미키가 동료에게 외쳤다.

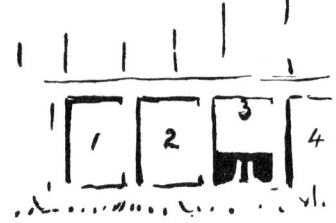

그러자 리틀 워호스가 뛰어나왔다. 흰 바탕에 끝 부분만 검은 워호스의 커다란 귀가 보였다. 워호스는 여유 있는 태도로 몸을 낮추고 한 번에 1.5미터씩 뛰어나갔다. 그러다가 경기장을 가득 메운 이례적으로 많은 관중을 휙 둘러보더니, 놀라울 정도로 높이 망보기 뜀을 했다.

"흐르르르!"

미키가 소리치자 그의 동료는 막대기로 울타리를 두들겨 소리를 냈다. 워호스는 한 번에 2.5미터씩 뛰어나갔다.

"흐르르르!"

워호스는 한 번 뛸 때마다 3미터, 3.5미터씩 앞으로 나아갔다. 워호스가 30미터쯤 뛰어갔을 때 사냥개들이 풀려났다. 공정한 출발이었다. 하지만 20미터밖에 안 갔는데 개를 풀어 주었다고 생각하는 사람들도 있었다.

"흐르르르! 흐르르르!"

이제 워호스는 한 번에 4미터씩 뛰어가고 있었다. 망보기 뜀은 한 번도 하지 않았다.

"흐르르르!"

얼마나 아름다운 사냥개들인지! 녀석들은 미끄러지듯 달려 나갔다. 하지만 워호스는 두 사냥개 앞에서 마치 하얀 바닷새처럼, 아니 날아가는 구름처럼 가뿐히 뛰어가고 있었다. 워호스는 이제 특별관람석 앞을 지나가고 있었다. 그렇다면 개들은? 출발할 때보다 얼마나 거리를 줄였을까? 거리를 줄이다니, 천만에! 녀석들은 점점 더 멀어지고 있었다.

그리고 지금 일어나는 일에 관해 몇 마디 뻥끗도 하기 전에, 피난처의 문이 깃털처럼 가벼운 하얗고 까만 형체를 삼켜 버렸다. 추억 속의 암탉 구멍을 닮은 문이었다. 사냥개에게 야유를 퍼붓는 소리, 리틀 워호스에게 환호하는 소리가 울려 퍼졌다. 그레이하운드들은 걸음을 멈추었다. 미키는 얼마나 웃어 댔는지 모른다. 또 디그넘 씨는 얼마나 욕설을 퍼부었는지 모른다! 기자들은 넘치는 기삿거리에 즐거운 비명을 질렀다.

이튿날, 신문마다 이런 기사가 실렸다.

"멧토끼의 활약! 리틀 워호스는 이번 대회에서 가장 유명한 사냥개 두 마리를 완전히 무릎 꿇리면서 자신의 이름값을 톡톡히 했다."

개 주인들 사이에서는 침 튀기는 입씨름이 벌어졌다. 어느 개도 점수를 얻지 못했으므로 무승부였다. 밍키와 경쟁자는 다시 경기를 치러야 했다. 하지만 있는 힘을 다해 800미터를 뛰고 난 후여서 우승컵을 탈 가망은 없었다.

이튿날 미키는 그 '돈 많은' 남자를 만났다. 이번에도 또 '우연히'.

"미키, 엽궐련 한 대 피우게."

"그렇게 합지요. 그런데 두 대라고 하셨는데……. 아이고, 고맙습니다."

그 후로 리틀 워호스는 아일랜드계 청년 미키의 자랑거리가 되었다. 개 출발 담당 요원이었던 슬라이먼은 부정행위가 없었던 것으로 밝혀져 명예롭게 복직했고, 미키는 예전처럼 토끼 출발시키는 일을 하게 되었다. 하지만 달라진 것이 있었다. 그 일을 계기로 미키의 마음이 사냥개 편에서 토끼 편, 아니 리틀 워호스 편으로 옮겨 간 것이다.

토끼몰이 때 붙잡혀서 원형 경기장으로 온 토끼 500마리 가운데 명성을 얻은 것은 워호스뿐이었다. 경기장을 무사히 가로질러 이튿날 다시 경기에 나선 토끼는 여러 마리였지만, 중간에 한 번도 방향을 바꾸지 않고 경기장을 가로지른 토끼는 워호스 한 마리뿐이었다. 경기는 일주일에 두 번씩 열렸다. 그때마다 멧토끼 4, 50마리가 죽었다. 포로가 된 500마리 토끼 거의 대부분이 원형 경기장에서 목숨을 잃은 것이다.

워호스는 경기가 열리는 날마다 뛰었으며, 그때마다 무사히 피난처로 들어갔다. 미키는 멧토끼의 재능에 완전히 반해 버렸다. 미키는 미끈한 다리를 자랑하는 그 달리기 선수를 애지중지했다. 그리고 사냥개들이 이런 멧토끼와 붙어서 망신을 당하는 것조차 영광으로 알아야 한다고 떠들어 댔다.

멧토끼가 경기장을 똑바로 가로지르는 것은 아주 드문 일이었다. 그런데 리틀 워호스는 한 번도 방향을 바꾸지 않고 경기장 가로지르는 일을 여섯 번이나 해냈다. 이는 언론에서도 주목할 만한 일이었으므로, 경기가 끝날 때마다 이런 기사가 실렸다.

"리틀 워호스가 오늘 다시 한 번 경기장을 가로질렀다. 이 대회를 오래 지켜본 사람들에 따르면, 이것은 최근 사냥개의 자질이 얼마나 떨어졌는지를 여실히 보여 주는 일이라고 한다."

워호스가 여섯 번째 성공을 거두자 멧토끼 사육사들은 열광했다. 사육사들의 사령관 격인 미키는 워호스를 칭찬하느라 입에 침이 마를 지경이었다.

"워호스는 풀려날 권리가 있습니다. 모든 미국인들이 그랬던 것처럼 녀석도 자유로워야 한다구요."

나중에 한 말은 대회 관리 책임자의 애국심에 호소할 셈으로 덧붙인 것이었다. 멧토끼들의 진짜 주인은 그 관리 책임자였으니까.

"좋아, 미키! 열세 번 성공하면 녀석을 고향으로 돌려보내겠

네."

관리 책임자가 대답했다.

"정말이지요? 그런데 열 번으로 안 될까요?"

"안 돼. 새로 출전할 개들의 콧대를 꺾어 놓으려면 녀석이 필요하단 말이야."

"열세 번 성공하면 녀석은 자유입니다. 약속하신 겁니다요."

그 무렵 새 토끼들이 많이 들어왔다. 그중 한 마리는 털 색깔이 리틀 워호스와 비슷했다. 워호스만큼 빠르지는 않았지만, 혹시라도 헷갈릴까 걱정이 된 미키는 워호스 몸에 표시를 하기로 했다. 미키는 안을 푹신하게 만든 화물 상자에 워호스를 집어넣은 다음, 검표원이 사용하는 펀치로 워호스 귀에 구멍을 뚫었다. 워호스의 얇은 귀에는 또렷한 별 모양의 펀치 자국이 생겼다. 미키는 탄성을 질렀다.

"좋았어! 경기에서 이길 때마다 표시를 해 줄게."

미키는 오른쪽 귀에 별 여섯 개를 한 줄로 뚫었다.

"다 됐다, 워호스. 미국이 독립했을 때 내건 성조기처럼 별 열세 개를 다는 날, 너도 자유의 몸이 되는 거야."

워호스는 일주일도 못 되어 다시 한 번 새내기 그레이하운드들의 코를 납작하게 만들면서 오른쪽 귀를 다 채웠다. 미키는 왼쪽 귀에도 별을 뚫기 시작했다. 다시 일주일 뒤, 워호스는 열세 번째 경주를 성공리에 마쳤다. 이제 워호스는 왼쪽 귀에 여섯 개, 오른쪽 귀에 일곱 개의 별을 달고 있었다. 새로운 기사가 신문을 장식했다.

"우아!"

미키는 만세를 불렀다.

"넌 자유야, 워호스! 13이라는 숫자는 언제나 행운을 불러왔어. 잘못되는 걸 본 적이 없다니까!"

9

대회 관리 책임자가 말했다.

"그래, 어떻게 해 주기로 했는지 나도 다 알고 있다고. 그래도 한 번 더 뛰게 해야겠어. 워호스가 이번에 새로 온 개를 이긴다고 내기를 걸었단 말일세. 워호스는 다치지 않고 잘 해낼 거야. 이거 원……. 이봐, 미키! 그렇게 고집부리지 말고. 오늘 오후에 딱 한 번만 더 뛰는 거야. 개들은 하루에 두 번 세 번도 뛴다고. 멧토끼라고 못할 이유가 있나?"

"개들은 목숨을 걸고 뛰는 게 아니잖아요."

"뭐야? 당장 나가게."

우리에는 새로 들어온 토끼가 많았다. 몸집이 큰 놈도 있고 작

은 놈도 있고, 성질이 온순한 놈도 있고 사나운 놈도 있었다. 그날 아침, 그중에 덩치 크고 사나운 수토끼 한 마리가 피난처로 급히 뛰어든 워호스를 공격했다.

다른 때 같았으면 예전에 고양이에게 했던 것처럼 놈의 머리통을 후려쳐서 단숨에 상황을 마무리했을 것이다. 하지만 이번 싸움은 몇 분 동안 이어졌고, 그러다가 워호스도 거친 공격을 받았다. 그래서 그날 오후 워호스는 한두 군데 멍이 들고 상처가 쑤셨다. 심한 상처는 아니지만 평소처럼 빠르게 달릴 수는 없는 상태였다.

출발은 지난번 경주와 같았다. 워호스는 몸을 낮춘 채 가볍게 달려 나갔다. 쫑긋 세운 귀에 뚫린 열세 개의 별 사이로 바람이 획획 지나갔다.

밍키는 새로운 경쟁자 팽고와 함께 워호스를 맹렬히 추격했다. 그 순간 토끼 출발을 맡은 요원들이 깜짝 놀랄 일이 벌어졌다. 사냥개들과 워호스 사이의 간격이 좁혀지기 시작한 것이다. 거리는 점점 더 좁혀졌다. 특별관람석 바로 앞에서 워호스는 노련한 밍키에게 쫓겨 방향을 틀어야 했다. 개 주인들은 환호성을 터뜨렸다. 상대가 워호스라는 것을 다들 잘 알고 있었던 것이다. 50미터도 못 가서 이번엔 팽고가 워호스의 방향을 틀어 놓으며 점수를 땄다.

선수들은 출발선으로 곧장 되돌아오고 있었다. 그리고 그곳에는 슬라이먼과 미키가 서 있었다. 워호스가 몸을 살짝 피하자, 그레이하운드들이 달려들었다. 멧토끼는 도망칠 수 없었다. 개들이 마지막으로 공격할 때가 가까워졌다.

바로 그때, 워호스는 곧장 미키 쪽으로 달려가 순식간에 그의 품에 몸을 숨겼다. 미키는 사나운 개들을 쫓아 버리려고 마구 발길질을 해 댔다. 미키가 자기 친구라는 것을 알고 워호스가 그런 행동을 했을 리는 없다. 다만 적을 피할 때는 중립적이거나 친구가 될 가능성이 있는 쪽으로 달아나야 한다는 오랜 본능에 따랐을 뿐이다.

워호스의 선택은 정말 적절했다. 세상 무엇보다 아끼는 토끼를 품에 안고 황급히 돌아 나오는 미키의 모습을 본 관중은 환호성을 질렀다. 그러나 개 주인들은 항의했다.

"이렇게 끝내는 건 공정하지 못해요. 개들은 끝장을 내려고 했단 말이오."

개 주인들은 대회 관리 책임자에게 거칠게 항의했다. 책임자가 팽고가 아닌 멧토끼에게 돈을 건 것도 문제가 되었다. 속이 쓰라렸지만 다시 경기를 시작하라고 할 수밖에 없었다.

미키가 워호스를 위해 할 수 있는 일은 한 시간 동안 쉬게 해 주는 것뿐이었다. 그 뒤 워호스는 전처럼 달려 나갔고, 밍키와 팽고가 뒤를 쫓았다. 이제는 워호스도 몸이 좀 풀린 것 같았다. 훨씬 워호스다웠다.

하지만 특별관람석 앞을 지나치자마자 팽고에게 쫓기고 다시 밍키에게 쫓겨 방향을 틀어야 했다. 워호스는 뒤로 돌아갔다 경기장을 가로질렀다 하면서 이쪽저쪽으로 미친 듯이 뛰어다니며 가까스로 적을 피했다. 이런 상황이 5분 넘도록 이어졌다.

미키는 워호스의 귀가 젖혀지는 것을 볼 수 있었다. 팽고가 뛰어올랐다. 멧토끼는 팽고의 몸 밑으로 빠져나가 겨우 도망쳤지만 이번에는 밍키와 마주쳤다. 이제 워호스의 양쪽 귀는 완전히 뒤로 젖혀져 있었다. 그렇지만 사냥개들도 힘들기는 마찬가지였다. 혓바닥은 축 늘어지고, 턱과 옆구리까지 거품으로 얼룩져 있었다. 워호스가 다시 귀를 쫑긋 세웠다. 개들이 지쳐서 헐떡이는 모습을 보고 기운을 낸 것이다.

워호스는 피난처를 향해 곧바로 달려갔다. 하지만 곧바로 달리기는 그레이하운드의 특기였다. 워호스는 결국 100미터도 못 간 곳에서 다시 방향을 바꾸어야 했다. 그리고 다시 한 번 목숨을 걸고 이쪽저쪽 방향을 바꾸면서 달리는 경주가 시작되었다.

시간이 지나면서 자기 개들이 위험하다는 것을 깨달은 개 주인들은 두 마리를 새로 내보냈다. 기운 좋은 사냥개들이었다. 녀석들은 확실히 경기를 끝낼 수 있을 것 같았다. 경기에서 진 두 마리 사냥개는 가쁜 숨을 몰아쉬며 속도를 늦추었지만, 다른 개 두 마리가 달려오고 있었다. 워호스는 온 힘을 다해 앞으로 내달렸다. 첫 번째 개들을 멀찌감치 떼어 놓고 피난처에 가까이 왔을 때, 두 번째 개들이 나타났다.

이제 살아남을 길은 날쌔게 비키면서 달리는 것밖에 없었다. 워호스의 귀는 뒤로 처지고 심장은 터질 듯이 쿵쾅거렸지만 정신만은 또렷했다. 워호스는 이쪽저쪽으로 불규칙하게 몸을 날렸다. 사냥개들이 서로 부딪쳐서 넘어졌다. 개들은 몇 번이나 워호스를 다 잡았다고 생각했다. 한 마리가 워호스의 까만 꼬리 끝을 덥석 물기까지 했지만 워호스는 다시 도망쳤다.

그러나 아직 피난처에는 닿지 못했다. 운도 따르지 않았다. 개들은 워호스를 특별관람석 근처로 몰아갔다. 관중석에서는 수많은 여성이 그 모습을 지켜보고 있었다. 제한시간이 다 되어 가고 있었다. 새로 들어온 개들도 헉헉거리고 있었다.

그때 미키가 미친 사람처럼 고래고래 소리를 지르며 달려 나왔다. 미키 입에서는 욕설이 마구 튀어나왔다.

"이 깡패 새끼들! 더러운 겁쟁이들 같으니라고!"

미키는 사냥개들을 죽이기라도 할 것 같은 기세로 경기장에 뛰어들었다.

경찰들이 고함을 치며 뛰어왔다. 미키는 미움과 반발심에 사

새로 들어온 개들도 힘들어 하고 있다.

로잡혀 날카로운 목소리로 욕을 내뱉다가 경기장에서 끌려 나갔다. 미키는 끌려 나가면서도 개와 사람을 가리지 않고 자기가 생각해 낼 수 있는 욕이란 욕은 다 퍼부어 댔다.

"뭐? 정정당당한 승부라고? 네놈들이 말하는 공정한 경기가 그래 이런 거였냐? 이 더럽고 치사한 거짓말쟁이, 사기꾼, 겁쟁이들아!"

사람들은 미키를 경기장에서 쫓아냈다. 마지막으로 미키의 눈에 들어온 것은, 입에 거품을 문 사냥개 네 마리가 지쳐 쓰러질 듯한 멧토끼를 쫓아가고, 말을 탄 심판이 총을 든 사람에게 신호를 보내는 장면이었다.

미키의 등 뒤로 문이 닫히고, '탕, 탕!' 소리가 들렸다. 개 짖는 소리와 함께 야단법석을 떠는 소리가 들렸다. 그 순간 미키는 깨달았다. 멧토끼 리틀 워호스가 장전된 총, 즉 네 번째 방법으로 최후를 맞았다는 것을.

미키는 한평생 개들을 사랑했지만, 이제 정정당당한 승부 따위는 안중에도 없었다. 미키는 안으로 들어갈 수 없었다. 지금 서 있는 곳에서는 안이 들여다보이지도 않았다. 미키는 피난처로 통하는 곳에서는 잘 보일지 모른다고 생각하고 그쪽으로 뛰어갔다. 그리고 자기 눈을 의심할 수밖에 없었다. 때마침 귀가 반쯤 처진 멧토끼 리틀 워호스가 다리를 절룩거리며 피난처로

들어온 것이다.

미키는 총알이 빗나가 엉뚱한 놈을 맞혔다는 것을 즉시 알아차렸다. 관중은 부상당한 그레이하운드 한 마리를 두 남자가 데리고 나가는 장면을 지켜보고 있었다. 수의사는 바닥에 누워 숨을 헐떡이는 또 다른 개를 살펴보고 있었다.

미키는 잠시 주위를 휘둘러보고 작은 화물 상자를 집어서 피난처 구석에 내려놓았다. 미키는 지친 토끼를 조심스레 그 안에 몰아넣고 뚜껑을 닫았다. 그러고는 상자를 겨드랑이에 끼고 주위가 소란스러운 틈을 타서 몰래 담을 넘으며 혼잣말을 했다.

"아무래도 상관없어. 어쨌거나 워호스는 그곳에서 쫓겨난 셈이니까."

미키는 터벅터벅 걸어서 도심을 벗어났다. 그리고 가장 가까운 역에서 기차를 타고 몇 시간을 달려 토끼의 고향에 도착했다. 해는 이미 오래전에 서산을 넘었고, 들판 위에는 별이 총총 떠 있었다. 미키는 농가와 오세이지오렌지 산울타리, 자주개자리 덤불이 펼쳐진 곳에 상자를 내려놓고 다정한 손길로 워호스를 꺼냈다.

미키는 씩 웃으며 말했다.

"그래, 네가 살던 곳이야. 여기에서는 자유의 별 열세 개가 다시 한 번 자랑스럽게 빛날 거야."

리틀 워호스는 의심스러운 눈길로 한동안 들판을 뚫어져라 바라보다가 서너 번 멀리뛰기를 한 다음, 망보기 뜀을 하면서 주위를 살폈다. 그러고는 영광의 기록이 새겨진 두 개의 깃발을 쭝긋 세우고 힘들여 얻어 낸 자유의 품에 뛰어들었다. 워호스는 그대로 초원의 어둠 속으로 사라졌다.

그날부터 캐스케이드 지방에서는 많은 사람이 리틀 워호스를 볼 수 있었다. 그 뒤로도 토끼몰이 행사는 계속됐지만, 워호스는 토끼몰이를 피하는 법을 터득한 모양이었다. 토끼몰이에서 잡힌 수천 마리 토끼 가운데, 별이 반짝이는 귀를 가진 멧토끼 리틀 워호스는 끝내 찾아볼 수 없었으니까.

전서구 아녹스의 장엄한 비행

아녹스는 시카고를 출발하여 디트로이트, 버팔로, 로체스터를 거쳐 뉴욕으로 향했다.

1

　우리는 뉴욕 시 웨스트 19번가에 있는 커다란 마구간 옆문으로 들어갔다. 마구간은 관리가 잘되어 있었다. 사다리를 타고 긴 다락방으로 올라가는 동안 마구간 특유의 냄새는 사라지고 향긋한 마른풀 냄새만 코끝에 맴돌았다. 다락방 남쪽은 벽으로 막혀 있었다. 그 방에서는 '퍼드덕, 퍼드덕, 파닥파닥' 날개 치는 소리와 함께 "구우, 구우, 구구 구우" 하는 익숙한 소리가 들렸다. 우리가 비둘기 사육장에 와 있다는 것을 실감나게 해 주는 소리였다.

　이 비둘기장에는 유명한 비둘기 여러 마리가 살고 있었다. 오늘은 어린 비둘기 50마리의 경기가 열리기로 되어 있었다. 비둘기장 주인은 내게 외부인으로서 이번 경기의 심판을 맡아 공정한 판정을 내려 달라고 했다.

　오늘 경기는 어린 비둘기들을 시험해 보기 위한 것이었다. 그 비둘기들은 부모와 함께 가까운 곳에서 다시 비둘기장으로 되돌아오는 훈련을 한두 번 받았다. 그런데 이제는 난생처음 부모 없이 혼자 날아와야 했다. 출발점은 뉴저지 주의 엘리자베스였다. 어린 비둘기들이 처음으로 아무 도움 없이 날아오기에는 꽤 먼 거리였다. 사육사는 말했다.

"그렇게 해야 멍청한 놈들을 가려낼 수 있거든요. 정말 우수한 비둘기들만 돌아올 테니까요. 우리는 바로 그런 녀석들만 돌아오길 바라지요."

이 시험 비행에는 또 다른 목적이 있었다. 돌아오는 비둘기들 사이의 우열을 가리는 것이다. 이 지역 비둘기 애호가들과 비둘기장에서 일하는 사람들은 저마다 미리 점찍어 둔 비둘기가 있었다. 그들은 우승자에게 줄 상금을 모았는데, 그 돈을 누구에게 줄 것인지 결정하는 중요한 임무가 내게 맡겨졌다. 가장 먼저 '돌아오는' 비둘기가 아니라, 가장 먼저 '비둘기장 안으로' 들어오는 새가 승자였다. 곧장 집으로 들어가지 않고 집 근처로 돌아와 어정거리는 비둘기는 편지 전하는 비둘기로 적당하지 않기 때문이다.

편지 전달하는 비둘기를 '전서구'라고 한다. 흔히 전서구를 가리켜 '우편집배원'이라는 뜻에서 '캐리어'(Carrier)라고도 하는데, 이 지역에서는 부리 둘레를 덮은 살이 불룩하게 발달한 전시용 비둘기를 캐리어라고 불렀다. 전서구는 '호머'(Homer) 또는 '호밍 피전'(Homing Pigeon)이라고 하는데, 언제나 집으로 돌아오는 비둘기라는 뜻이다.

전서구는 특별히 아름다운 색을 띠지도, 전람회에 출품하는 비둘기들처럼 화려한 장식을 달지도 않았다. 모양을 보고 기르

는 것이 아니라 빠른 속도와 뛰어난 지능을 보고 기르기 때문이다. 전서구는 제 집을 무엇보다 소중히 여겨서 무슨 일이 있어도 집으로 돌아오려고 한다.

전서구는 머릿속에 방향 감각을 위한 특별한 장치를 갖고 있는 것 같다. 훌륭한 호머보다 위치와 방향 감각이 좋은 동물은 없다. 뛰어난 호머임을 보여 주는 증거는 양쪽 귀 위로 불룩 튀어나온 부분, 그리고 집을 그리워하는 고귀한 열정에 따라 움직이는 튼튼한 날개뿐이다. 이제 이 비둘기장에서 태어난 어린 비둘기들의 지능과 신체 능력이 시험대에 오를 것이다.

지켜보는 눈이 아무리 많다 해도, 비둘기가 드나드는 문을 모두 닫고 하나만 열어 두는 편이 좋을 것 같았다. 그래야 일등을 한 비둘기가 도착하자마자 문을 닫을 수 있기 때문이다.

그날 내가 겪은 일들은 앞으로도 결코 잊지 못할 것이다. 누가 내게 미리 말해 주었다.

"비둘기들은 열두 시에 출발해서 열두 시 반쯤 여기 도착할 거예요. 정신 바짝 차려야 해요. 녀석들이 회오리바람처럼 몰아칠 테니. 눈앞에 보이는가 싶으면 어느새 비둘기장에 들어와 있을 겁니다."

우리는 비둘기장 안에 죽 늘어서서 반쯤 열어 둔 비둘기 출입문에 눈길을 주고 마음을 졸이면서 남서쪽 지평선을 살펴보았다. 그때 누가 외쳤다.

"저기! 비둘기들이 와요!"

순식간에 피어나는 흰 구름처럼 녀석들이 갑자기 시야에 들어왔다. 비둘기들은 도시를 수놓은 커다란 굴뚝을 스치듯이 낮게 날고 있었다. 처음 모습을 나타내고 2초나 흘렀을까? 비둘기들은 벌써 눈앞에 다가와 있었다. 새하얀 섬광과 같은 날개들이 비둘기장을 향해 돌진했다. 눈 깜짝할 사이에 일어난 일이었다.

나는 준비를 한다고는 했지만, 제대로 준비되어 있지 않았다. 내가 있던 곳은 유일하게 열어 놓은 문 바로 옆자리였다. 삽시간에 푸른 화살 하나가 휙 날아오더니 날개가 내 얼굴을 스치며 지나갔다. 문을 제대로 닫기도 전에 사람들 사이에서 누가 커다란 소리로 외쳤다.

"아녹스야, 아녹스! 거봐, 내 말이 맞지? 녀석이 이길 것 같더라니까. 아이고, 기특해라! 석 달밖에 안 된 놈이 우승을 하다니. 귀여운 녀석!"

아녹스의 주인은 상금을 탈 생각보다 자기 새가 일등을 했다는 사실이 기뻐서 펄쩍펄쩍 뛰며 어쩔 줄을 몰랐다.

사람들은 털퍼덕 주저앉거나 무릎을 꿇고 앉아서 아녹스가 꿀꺽꿀꺽 물을 들이켠 다음 모이통 쪽으로 돌아서는 모습을 지켜보았다. 다들 정말 대단하다고 감탄하는 눈빛이었다.

"저 눈 좀 봐! 날개는 또 어떻고. 저런 가슴팍 본 적 있어? 투지도 대단하단 말이야!"

아녹스의 주인은 자기 새가 져서 풀이 죽어 있는 사람들을 향해 그렇게 떠들어 댔다.

아녹스는 시험 비행을 통해 태어나서 처음으로 자신의 뛰어난 기량을 선보였다. 훌륭한 비둘기장에서 자란 50마리 비둘기 가운데 최고 자리를 차지한 녀석의 앞날은 희망으로 빛났다.

사람들은 아녹스의 발목에 '최고의 호머'를 위해 특별히 만든 은고리를 채웠다. 고리에는 '2590C'라는 숫자가 새겨져 있었다. 오늘날 전서구를 아끼는 모든 사람들에게 중요한 의미를 갖게 된 그 숫자가.

엘리자베스에서 출발한 시험 비행에서 집으로 돌아온 비둘기는 40마리뿐이었다. 시험 비행의 결과는 대체로 이렇다. 어떤 비둘기는 너무 약해서 뒤에 처지고, 어떤 비둘기는 머리가 나빠서 길을 잃는다. 비둘기 주인들은 시험 비행이라는 간단한 방법으로 우수한 비둘기를 선택해서 비둘기의 혈통을 개량한다.

돌아오지 못한 열 마리 가운데 다섯 마리는 끝내 보이지 않았지만, 다섯 마리는 그날 느지막이 따로따로 돌아왔다. 낙오자 가운데 가장 늦게 돌아온 비둘기는 데퉁맞게 몸집만 큰 푸른 비둘기였다. 그 비둘기를 보고 한 남자가 말했다.

"제이키가 돈을 건 파란 멍청이야. 못 올 줄 알았는데 돌아왔군. 내가 상관할 바 아니지만, 저놈 핏줄에는 아무래도 집비둘기 피가 흐르는 것 같아."

구석에 놓인 상자에서 태어나 '코너박스'라는 별명을 가진 빅블루는 태어날 때부터 힘이 좋았다. 사육사들이 거의 신경을 쓰지 않았는데도 녀석은 비슷한 시기에 알에서 깨어난 비둘기 가운데 가장 빨리 자라 몸집이 가장 컸다. 게다가 다른 비둘기들보다 잘생기기까지 했다. 빅블루는 우쭐해서 아주 어릴 때부터 자기보다 작은 비둘기들을 괴롭히는 골목대장 기질을 드러냈다. 빅블루의 주인은 녀석이 큰 물건이 될 거라고 장담했지만, 비둘기장에서 일하는 빌리는 녀석의 긴 목과 커다란 모이주머니, 행동거지, 지나치게 큰 몸집에 의구심을 나타냈다.

"가슴이 저렇게 불룩한데 빨리 날 수가 있겠어? 긴 다리는 무게만 더 나갈 테고, 목에는 힘이 하나도 없고 말이야."

빌리는 아침마다 비둘기장을 청소하면서 이렇게 험담을 늘어놓곤 했다.

2

처음 시험 비행을 치른 뒤에도 비둘기들은 정기적으로 훈련을 받았다. 훈련 횟수가 한 번씩 늘어날 때마다 출발점에서 집까지의 거리가 수십 킬로미터씩 껑충 뛰었고 방향도 계속 바뀌었다. 호머들은 드디어 뉴욕을 중심으로 250킬로미터 안에 있는 지역은 다 알게 되었다.

그동안 처음에 50마리였던 비둘기는 20마리로 줄었다. 혹독한 훈련 과정을 거치면서, 처음부터 허약하고 자질이 없는 비둘기는 물론, 중간에 병이 나거나 사고를 당한 비둘기, 출발 직전에 너무 많이 먹는 실수를 한 비둘기까지 걸러졌기 때문이다.

웨스트 19번가 비둘기장에는 뛰어난 비둘기들이 많았다. 넓은 가슴과 초롱초롱한 눈, 긴 날개를 가진 어린 비둘기들이 빠른 비행 속도와 담대한 용기를 갖춘 전서구로 길러졌다. 위급한 순간에 빠르고 정확하게 소식을 전해야 하기 때문이다. 전서구들의 몸은 대부분 흰색이나 파란색, 갈색이었다. 제복을 입지는 않았지만, 마지막까지 선택되어 남은 비둘기들은 모두 반짝거리는 눈과 불룩한 귀로 가장 우수한 호머의 혈통을 물려받았음을 보여 주었다.

그중에서도 최고의 호머로서 거의 언제나 일등을 차지하는 것은 몸집이 작은 아녹스였다. 지금은 다른 비둘기들도 발목에 은고리를 차고 있어서, 가만히 쉬고 있을 때는 아녹스나 다른 비둘기나 별다른 차이가 없었다. 하지만 공중에 떠 있을 때는 확실히 달랐다. 새장의 뚜껑 문이 열리고 "출발!" 신호가 떨어질 때 가장 먼저 날아오르는 것은 언제나 아녹스였다. 녀석은 어떤 장애물에도 방해받지 않을 만큼 높이 날아오른 다음 집으로 돌아오는 길을 찾아서 곧장 날아왔다. 먹이나 물, 다른 비둘기 때문에 중간에 멈추는 일도 없었다.

빌리의 예상과 달리 코너박스 빅블루도 선별된 스무 마리 안에 남았다. 빅블루는 다른 비둘기보다 늦게 돌아오는 때가 많았다. 일등은 한 번도 하지 못했고, 때로는 다른 비둘기들보다 몇 시간씩 늦게 돌아오곤 했다. 그런데도 배고파 하거나 목말라 하지 않는 것을 보면 중간에 놀다 온 것이 분명했다. 그래도 꼬박꼬박 집으로 돌아오기는 했다. 이제 다른 비둘기들처럼 빅블루의 발목에도 고유 번호를 새긴 은고리가 채워져 있었다.

빌리는 빅블루를 싫어해서 아녹스와 비교하면서 부족한 점이 너무 많다고 했지만, 주인은 이렇게 말하곤 했다.

"녀석에게도 기회를 줘 보거나. '빨리 익은 과일이 빨리 썩는다'는 속담도 있지 않은가. 처음에 가장 늦게 날던 새가 나중에 최고가 되기도 하거든."

아녹스는 일 년도 못 되어 기록을 세웠다. 가장 힘든 비행은 바다 위를 나는 것이다. 하늘 아래 길잡이가 되어 줄 만한 것이 하나도 없기 때문이다. 안개까지 자욱하게 끼어 있으면 더 힘이

든다. 하나밖에 없는 길잡이인 태양마저 안개가 가려 버리기 때문이다. 기억도, 시력도, 청력도 도움이 되지 않는 이런 상태에서 호머에게 남는 것은 한 가지뿐이다. 호머가 지닌 가장 위대한 능력, 타고난 방향 감각이 그것이다. 이런 능력을 못 쓰게 만드는 것은 단 한 가지, 바로 '두려움'이다. 그래서 호머의 고귀한 두 날개 사이에는 작지만 용감한 심장이 있어야 한다.

아녹스는 훈련을 위해 동료 비둘기 두 마리와 함께 유럽으로 가는 증기선에 태워졌다. 육지가 보이지 않는 곳까지 항해한 뒤에 비둘기들을 날려 보내는 게 원래 계획이었지만, 안개가 너무 짙게 끼는 바람에 예정된 곳에서 날려 보낼 수가 없었다. 증기선은 비둘기들을 태우고 계속 항해했다. 비둘기는 다음 배에 태워 돌려보낼 생각이었다.

그런데 출항하고 열 시간쯤 지났을 때 배가 기관 고장을 일으켰다. 사방이 짙은 안개로 덮인 바다 위에서 증기선은 통나무처럼 정처 없이 떠돌기 시작했다. 뱃사람들이 할 수 있는 일이라고는 구조를 요청하는 뱃고동을 울리는 것뿐이었다. 결과만 생각하자면, 뱃고동을 울리건 선장이 손짓발로 신호를 보내건 별반 다를 게 없었다.

그때 생각난 것이 비둘기들이었다. 맨 먼저 2592C 스타백이 뽑혔다. 사람들은 방수 종이에 구조를 요청하는 글을 적은 다음

돌돌 말아서 녀석의 꽁지깃 밑에 실로 동여매고선 하늘로 던졌다. 그러자 녀석은 어디론가 사라졌다. 30분 뒤에는 코너박스 빅블루, 2600C에게 편지를 매달았다. 녀석은 잠시 날아올랐지만 곧바로 돌아와 배의 밧줄에 내려앉았다. 겁에 질린 비둘기의 전형적인 모습이었다. 아무리 을러대도 녀석은 배를 떠나려 하지 않았다. 극심한 두려움에 사로잡힌 빅블루는 사람들에게 붙잡혀 새장에 처박혔다.

이제 세 번째 비둘기를 끄집어냈다. 몸집이 작고 다부진 비둘기였다. 뱃사람들은 녀석에 대해 아는 게 없었으므로, 발목 고리에 적힌 대로 '아녹스, 2590C'라고 적어 두었다. 그 이름과 번호는 뱃사람들에게는 아무 의미도 없었다. 그러나 아녹스를 붙잡고 있던 항해사는 녀석의 심장이 빅블루만큼 쿵쾅거리지 않는다는 것을 알아차렸다. 사람들은 빅블루의 몸에서 편지를 떼어 냈다. 편지에는 이렇게 적혀 있었다.

    화요일, 오전 10시

    뉴욕 동쪽 340킬로미터 해상에서 기관 고장으로 안개 속을 표류하고 있다. 되도록 빨리 예인선을 보내 달라. 60초마다 한 번은 길게, 한 번은 짧게 고동을 울리고 있다.

                                         선장

아녹스는 배 위에서 원을 그리며 돌다가 사람들의 시야에서 사라졌다.

선장은 편지를 돌돌 말아서 방수 막으로 싼 다음, 증기선 회사의 주소를 적어서 아녹스의 가운데 꽁지깃 밑에 동여맸다.

하늘로 날려 보내자, 아녹스는 배 주위를 한 바퀴 돌았다. 그러고는 좀 더 높은 곳에서 한 바퀴 돌고, 다시 더 높은 곳에서 더 넓은 원을 그리며 돌다가 사람들의 시야에서 사라졌다. 아녹스는 배의 모습이 보이지도, 소리가 들리지도 않는 높은 곳까지 날아올랐다. 다른 모든 감각을 사용할 수 없게 된 아녹스는 그때까지 남아 있는 단 하나의 감각에 자신을 맡겼다.

아녹스의 방향 감각은 '두려움'이라는 폭군조차 어쩔 수 없을 만큼 강력했다. 나침반 바늘이 극점을 향하듯이 아녹스는 아무 망설임도 의심도 없이 날기 시작했다. 새장에서 나온 지 1분도 못 되어 녀석은 자기가 태어난 비둘기장을 향해 빛줄기처럼 빠르고 곧게 날아갔다. 지구 위에서 아녹스에게 만족을 줄 수 있는 장소는 오직 그곳뿐이었다.

그날 오후 빌리는 일을 하다가 휙 하는 빠른 날갯짓 소리를 들었다. 푸른 새 한 마리가 비둘기장으로 날아들더니 곧장 물통으로 향했다. 녀석은 한 모금 또 한 모금 물을 들이켰다. 빌리는 너무 놀라 숨이 막히는 것 같았다.

"아니, 아녹스! 너로구나, 우리 예쁜 아녹스!"

그러고는 빌리는 비둘기 사육사답게 바로 시계를 꺼내 시각을 기록했다. 오후 2시 40분이었다. 꼬리에 붙어 있는 실이 보였다. 빌리는 문을 닫고 재빨리 아녹스 머리 위에 새를 잡을 때 쓰는 망을 씌웠다. 잠시 후 돌돌 말린 편지가 손에 들어왔다. 빌리는 즉시 증기선 회사 사무실로 뛰어갔다. 두둑한 사례금이 눈앞에 보이는 것 같았다.

사무실에 도착한 빌리는 아녹스가 자욱한 안개를 뚫고 4시간 40분 만에 340킬로미터나 날아왔다는 사실을 알게 되었다. 사고가 난 증기선을 끌어올 예인선이 1시간 안에 출발했다.

'안개 낀 바다 위로 4시간 40분 동안 340킬로미터를 날다!'

그것은 매우 놀라운 기록이었으며, 전서구 협회의 공식 기록에 오를 수 있었다. 사람들이 아녹스를 붙잡고 있는 동안 전서구 협회 서기는 지워지지 않는 잉크를 고무도장에 묻혀서 눈처럼 흰 오른쪽 날개 첫 번째 칼깃에 날짜, 참조 번호와 함께 아녹스가 세운 기록을 찍었다.

아녹스 다음으로 뛰어난 능력을 보여 주던 스타백은 그 뒤로 소식이 없었다. 바다에서 죽음을 맞은 것이 틀림없었다.

코너박스 빅블루는 예인선을 타고 돌아왔다.

3

그것이 아녹스의 첫 번째 공식 기록이었다. 그리고 오래 지나지 않아 더 빠른 기록들이 그 뒤를 이었다. 웨스트 19번가의 오래된 비둘기장에서는 아녹스를 둘러싸고 종종 흥미로운 사건들이 일어났다.

어느 날 마구간 앞에 마차 한 대가 멈추더니 은발의 신사가 내렸다. 신사는 먼지투성이 사다리 계단을 타고 올라가 아침 내내 빌리와 함께 비둘기장 안에 앉아 있었다. 금테 안경을 쓰고 신문을 뒤적이던 노신사는 이따금씩 고개를 들어 창밖을 바라보았다. 창밖에서 도시의 지붕 위로 모습을 보일 무언가를 기다리는 것 같았다.

신사는 60킬로미터 떨어진 소도시에서 보낸 소식을 기다리고 있었다. 신사에게는 아주 중요한 소식이었다. 성공이냐 파멸이냐가 그 소식에 달려 있어서 전보보다 빨리 전달받아야 했다. 그런데 전보는 수신국을 거칠 때마다 적어도 한 시간씩 늦어졌다. 그렇다면 60킬로미터 거리에서 전보보다 빨리 소식을 전하는 방법은 무엇일까?

당시에는 딱 하나, 최고의 호머가 바로 그것이다. 성공할 수만 있다면 비용은 아무런 문제가 되지 않았다. 신사는 어떤 값을 치

르더라도 최고 중의 최고 호머를 구해야 했다. 일곱 개 칼깃에 지워지지 않는 기록을 새긴 아녹스보다 그 일을 잘 해낼 비둘기는 없었다.

한 시간이 지나고 또 한 시간이 흘렀다. 잠시 뒤, 휙 하는 날갯짓 소리와 함께 푸른 유성이 비둘기장 안으로 들어왔다. 빌리는 문을 탕 닫고 녀석을 붙잡아 능숙하게 실을 자르고는 돌돌 말린 편지를 은행가인 그 신사에게 건네주었다. 얼굴이 창백한 노신사는 떨리는 손으로 종이를 펼쳤다. 그리고 신사의 얼굴에 다시 화색이 돌았다.

"하느님, 고맙습니다!"

신사는 가쁜 숨을 몰아쉬며 이렇게 말했다. 그러고는 자신의 운명이 달려 있는 이사회 장소로 바삐 돌아갔다. 작은 아녹스가 신사를 구한 것이다.

은행가는 아녹스를 사고 싶다고 했다. 너무나 고마운 마음에 아녹스를 소중히 보살피고 싶었던 것이다. 하지만 빌리는 단호하게 말했다.

"그게 무슨 소용이지요? 호머의 마음을 살 수는 없어요. 녀석을 죄수처럼 가두어 놓을 수는 있겠죠. 하지만 그게 전부입니다. 호머는 자기가 태어난 비둘기장을 버리는 법이 없습니다."

그래서 아녹스는 웨스트 19번가 211번지에 남을 수 있었다.

하지만 은행가는 은혜를 잊지 않았다.

가끔 비둘기장에서 멀리 떠나와 하늘을 나는 비둘기를 사냥감으로 여기는 생각 없는 사람들이 있다. 누가 한 짓인지 알겠느냐는 생각에 비둘기를 향해 총을 쏘는 것이다. 생사가 달린 소식을 전하려고 길을 재촉하던 수많은 고귀한 호머들이 비열한 사람들이 쏜 총탄에 무참히 쓰러져 비둘기 파이가 되고 말았다.

아녹스의 형 아놀프도 의사를 부르는 편지를 급히 전하려다가 그렇게 죽음을 맞았다. 아놀프는 세 개의 칼깃에 기록을 새긴 뛰어난 호머였다. 땅에 떨어진 아놀프가 포수의 발밑에서 숨을 거둘 때 날개가 펼쳐지면서 위대한 기록이 드러났다. 발목에 채워진 은고리도 보였다. 총을 쏜 사람은 양심의 가책을 느꼈다. 포수는 편지를 목적지로 보내고, 죽은 비둘기를 자신이 '발견했다'며 전서구 협회로 보냈다. 아놀프의 주인이 총을 쏜 사람을 찾아왔다. 포수는 비둘기 주인의 날카로운 추궁을 견디지 못해 자신이 호머를 쏘았노라고 자백했다. 하지만 병들고 가난한 이웃에게 비둘기 파이를 해 주고 싶어서 그랬다고 했다.

비둘기 주인은 분노의 눈물을 흘렸다.

"사랑스러운 우리 아놀프를 그렇게 죽이다니! 이보시오, 아놀프는 사활이 걸린 중요한 편지를 전한 것만 스무 번이고, 중요한 기록을 세운 게 세 번, 사람의 목숨을 구한 게 두 번이오. 그런데 고작 비둘기 파이를 해 먹겠다고 그 소중한 비둘기를 쏘다니. 법대로 처벌할 수도 있지만, 그런 식으로 복수할 마음은 없소. 대신 한 가지만 부탁하리다. 비둘기 파이를 먹고 싶어 하는 병들고 가난한 이웃이 있거든 내게 데려오시오. 식용 비둘기 새끼를 무료로 나눠 줄 테니. 하지만 당신에게 인간성이 남아 있다면, 앞으로는 절대 하늘을 나는 비둘기를 향해 총을 쏘지 마시오. 다른 사람이 총을 쏘는 것도 막아 주시오. 전서구는 값을 매길 수 없을 만큼 소중한 존재라오."

이 비극적인 사건은 은행가와 비둘기장 사람들이 교류하는 동안에, 그리고 은행가가 비둘기들에게 깊은 애정을 품고 있는 동안에 일어났다. 은행가는 뉴욕 주의 주도 올버니에서 비둘기 보호법이 제정되도록 영향력을 발휘했다. 아녹스가 해낸 일이 빠르게 결실을 맺은 것이다.

4

빌리는 단 한 순간도 코너박스 빅블루, 그러니까 2600C를 좋아한 적이 없었다. 빅블루가 계속 은고리 등급을 유지하고 있는데도 빌리는 녀석을 시시한 놈으로 여겼다. 증기선 사건을 통해 녀석이 겁쟁이라는 사실이 밝혀졌다고 생각했다. 빅블루가 약한 비둘기를 괴롭히는 골목대장 노릇을 하는 것도 확실해 보였다.

어느 날 아침 빌리가 비둘기장으로 들어가 보니 한바탕 소동이 벌어지고 있었다. 큰 비둘기 한 마리와 작은 비둘기 한 마리가 엉겨 붙어서 바닥을 뒹굴며 싸우고 있었다. 사방으로 깃털이 날리고 먼지가 일었다. 빌리는 두 마리를 떼어 놓은 뒤에야 작은 놈이 아녹스, 큰 놈이 코너박스 빅블루라는 것을 알았다. 아녹스는 용감히 싸웠지만 빅블루의 상대가 되지는 못했다. 빅블루의 몸무게는 아녹스의 1.5배나 되었던 것이다.

빌리는 두 마리가 무엇 때문에 싸웠는지도 금세 알아냈다. 혈통 좋고 어여쁜 작은 암비둘기 때문이었다. 빅블루가 자꾸만 집적거린 탓에 둘은 평소에도 잘 지내지 못했다. 하지만 두 비둘기가 그렇게 큰 싸움을 벌인 것은 작은 암컷 때문이었다. 빌리에게 빅블루의 목을 비틀 권한은 없었지만, 빌리는 자기가 아끼는 아녹스를 위해 기꺼이 그 싸움에 끼어들기로 했다.

비둘기의 짝짓기에는 인간의 결혼과 비슷한 면이 있다. 가장 중요한 것은 가까이 지내야 한다는 것이다. 비둘기 한 쌍을 한동안 함께 지내도록 하면 모든 일이 자연스럽게 진행된다. 빌리는 아녹스와 작은 암컷이 다른 비둘기들과 떨어져서 2주 동안 함께 지내도록 했다. 그리고 일을 더 확실히 매듭짓기 위해 빅블루도 다른 방에서 2주 동안 짝이 없는 다른 암컷과 함께 지내게 했다.

모든 일이 예상대로 되었다. 작은 암컷은 아녹스의 짝이 되고, 다른 암컷이 빅블루의 짝이 되었다. 알을 낳을 둥지 두 개가 새로 만들어지고 모든 것은 "그 뒤로 오래도록 행복하게 살았습니다."로 끝나는 것 같았다. 그러나 빅블루는 몸집이 아주 크고 잘생긴 수컷이었다. 녀석이 모이주머니를 크게 부풀리고 햇빛 속을 거들먹거리며 돌아다닐 때면 목둘레에서 무지갯빛이 났다. 아무리 정숙한 암컷이라 해도 그 모습을 보면 마음을 빼앗길 수밖에 없었다.

아녹스는 다부진 체격이지만 몸집이 작았으며, 초롱초롱한 눈을 제외하면 특별히 잘생긴 편이 아니었다. 게다가 아녹스는 중요한 일을 맡아 자주 집을 비워야 했는데, 빅블루는 비둘기장 주위에서 어슬렁거리며 아무 기록도 없는 날개를 펼쳐 보이는 게 일이었다.

도덕을 강조하는 사람들은 비둘기를 예로 들어 변치 않는 사랑과 지조를 말한다. 하긴 맞는 말이다. 하지만 슬프게도 모든 법칙에는 예외가 있는 법! 부정한 행동은 인간만 저지르는 게 결코 아니었다.

아녹스의 아내는 처음부터 빅블루에게 관심이 있었다. 그러던 중 아녹스가 집을 비운 사이에 결국 끔찍한 일이 벌어지고야 말았다.

　어느 날 보스턴에서 돌아온 아녹스는 빅블루가 구석에 있는 자신의 상자와 함께 아내까지 차지했다는 것을 알게 되었다. 그리고 목숨을 건 싸움이 벌어졌다. 구경꾼은 두 아내뿐이었는데, 둘은 아무 관심도 없다는 투였다. 아녹스는 그 유명한 날개를 펼치고 싸웠다. 그러나 스무 개의 대기록이 찍힌 날개라고 해서 더 좋은 무기가 되는 것은 아니었다. 게다가 아녹스는 부리와 다리가 작았는데, 그것은 아녹스 집안의 내림이었다. 작지만 튼튼한 심장이 작은 몸집을 대신할 수도 없었다.

　싸움은 아녹스에게 불리하게 돌아갔다. 아녹스의 아내는 자기하고는 상관없는 일이라는 듯 태평하게 둥지에 앉아 있었다. 때마침 빌리가 오지 않았다면 아녹스는 목숨을 잃었을 것이다. 빌리는 너무 화가 나서 당장이라도 빅블루의 목을 비틀고 싶었다. 하지만 그 못된 비둘기는 때맞춰 비둘기장 밖으로 도망쳤다.

　빌리는 며칠 동안 정성을 다해 아녹스를 간호했다. 주말에는 아녹스도 건강을 되찾았고, 열흘 뒤에는 다시 길을 떠날 수 있었다. 마치 아무 일 없었다는 듯이 제 둥지를 지키는 것을 보면, 아녹스는 부정을 저지른 아내를 이미 용서한 모양이었다. 아녹스는 그달에만 두 차례나 기록을 갈아 치웠다. 16킬로미터를 8분 만에 날아 편지를 전하고, 4시간 만에 보스턴에서 뉴욕으로 날아온 것이다.

그 여행길에서 매 순간 아녹스를 앞으로 나아가게 하는 것은 그 무엇도 막을 수 없는 귀소 본능, 즉 집을 그리는 마음이었다. 그런데 그 마음에서 아내가 여전히 큰 비중을 차지하고 있었다면, 그것은 서글픈 귀향이었다. 집에 돌아온 아녹스는 아내가 빅블루와 다시 바람이 난 것을 알게 되었다. 아녹스는 지쳐 있었지만 다시 결투를 벌였다. 빌리가 아니었다면 이번에도 아녹스는 목숨을 부지할 수 없었을 것이다. 빌리는 두 마리를 떼어 놓은 다음 빅블루를 새장에 가두었다. 그리고 이번에는 어떡하든 녀석을 처치해야겠다고 마음먹었다.

그러는 동안, 시카고에서 뉴욕까지 1,400킬로미터를 횡단하는 '범 전서구 대회' 날짜가 다가오고 있었다. 이 경기는 기량의 차이가 나는 경기자에게도 기회를 주기 위해서 실력이 월등히 뛰어난 경기자에게 불리한 조건을 지우는 방식으로 진행되었다. 이미 여섯 달 전에 참가 신청을 해 둔 아녹스에게는 많은 돈이 걸려 있었다. 아녹스를 아끼는 사람들은 아무리 부부 사이에 문제가 있다고 해도 아녹스가 출전해야만 한다고 생각했다.

비둘기들은 기차에 실려 시카고로 가서 각자의 기량과 조건에 따라 일정한 간격을 두고 출발할 예정이었다. 마지막으로 출발한 비둘기는 아녹스였다. 비둘기들은 잠시도 지체하지 않고 눈에 보이지 않는 똑같은 하늘 길을 따라 날았다. 시카고 변두리에 이르자, 기량이 뛰어난 몇몇 비둘기들은 먼저 출발한 비둘기들을 따라잡았다.

호머는 방향 감각에만 의지해서 나는 동안은 직선으로 움직이지만, 익숙한 곳에서는 미리 기억해 둔 땅 위의 표지물을 따라 움직인다. 대부분의 새는 콜럼버스와 버펄로를 지나 뉴욕으로 돌아가는 훈련을 받았다. 아녹스는 콜럼버스를 거쳐서 가는 길도 알았지만 디트로이트를 지나는 길도 알고 있었기 때문에, 미시간 호반의 시카고를 출발해서 바로 디트로이트를 지나는 직선 항로를 택했다. 그렇게 하면 늦은 출발을 만회하고 상당한 거리를 단축할 수 있었다.

눈에 익은 고층 건물과 굴뚝이 늘어선 디트로이트, 버펄로, 로체스터가 차례로 멀어지면서 시러큐스가 눈앞에 다가왔다. 늦은 오후였다. 12시간 동안 무려 950킬로미터를 난 것이다. 아녹스는 이제 선두에 서 있었다.

그런데 하늘을 오래 날 때마다 찾아오는 갈증이 몰려왔다. 도시의 지붕을 스치듯이 날던 아녹스의 눈에 비둘기장이 들어왔다. 아녹스는 두어 번 커다란 원을 그리며 밑으로 내려가서 다른 비둘기들을 따라 비둘기장으로 들어갔다. 그러고는 종종 하던 대로 물통으로 가서 꿀꺽꿀꺽 물을 들이켰다. 비둘기 애호가라면 누구나 기쁜 마음으로 호머들이 목을 축일 수 있도록 편의를 제공했기 때문이다.

비둘기장 주인은 낯선 비둘기 한 마리가 들어오는 것을 보았다. 주인은 그 비둘기를 자세히 살펴보려고 조용히 다가갔다. 비둘기장 주인이 기르는 비둘기 한 마리가 순간적으로 낯선 비둘기에게 덤벼들었다. 아녹스도 비둘기의 방식대로 날개를 펼치고 비켜서서 맞서 싸웠다. 그러자 아녹스 날개에 줄줄이 찍힌 숱한 기록이 드러났다. 비둘기장 주인은 비둘기의 품종 개량에 관심이 많은 사육사였다. 호기심이 치솟은 그는 줄을 당겨 비둘기장의 문을 닫았다. 아녹스는 비둘기장에 꼼짝없이 갇히는 신세가 되었다.

비둘기를 약탈한 사육사는 수많은 기록이 찍혀 있는 아녹스의 날개를 펼치고 기록을 하나하나 읽어 나가기 시작했다. 그때 발목의 은고리가 눈에 들어왔다. 거기에는 황금 고리도 아깝지 않은 이름이 새겨져 있었다. 아녹스였다. 순간, 비둘기장 주인은 탄성을 질렀다.

"아녹스! 정말 아녹스야! 그래, 네 이야기를 들은 적이 있어. 귀여운 것, 널 이렇게 만나다니 정말 반갑구나!"

주인은 아녹스의 꽁지깃에 달린 편지를 떼어 내고 돌돌 말린 종이를 펴서 읽어 보았다.

'아녹스, 범 전서구 대회 당일 새벽 4시, 시카고에서 뉴욕을

향해 출발함'

"12시간에 950킬로미터를 날아오다니! 정말 신기록 제조기로구나."

비둘기 도둑은 공손하다고 할 만큼 부드러운 손길로 날개를 퍼덕거리는 아녹스를 붙잡아서 푹신하게 안을 댄 새장에 집어넣었다.

"너를 잡아 두려고 해 봐야 아무 소용도 없다는 건 알아. 하지만 네 혈통을 잇는 훌륭한 비둘기는 얻을 수 있을 거야."

그렇게 해서 아녹스는 널찍하고 편안한 새장에 갇히고 말았다. 비록 도둑질을 하긴 했지만, 비둘기장 주인은 호머를 사랑하는 사람이었다. 주인은 자신의 포로에게 안전하고 편안한 환경을 제공하기 위해서라면 무슨 일이든 마다하지 않았다. 주인은 석 달 동안 아녹스를 새장에 가두어 두었다.

처음에 아녹스는 하루 종일 도망칠 궁리를 하면서 철망을 오르락내리락하기만 했다. 하지만 넉 달째로 접어들면서 이제는 도망치기를 포기한 것 같았다. 포로를 주의 깊게 지켜보던 교도관은 두 번째 계획을 실행에 옮겼다. 아녹스에게 수줍음 많은 어린 암비둘기를 데려다준 것이다.

하지만 기대했던 반응은 나타나지 않았다. 아녹스는 암컷에게 작은 호의조차 내비치지 않았다. 얼마 뒤 교도관은 암컷을 내보냈고, 아녹스는 한 달 동안 독방에서 지냈다. 그 뒤 다른 암컷을 들여보냈지만 결과는 똑같았다. 이런 식으로 일 년 동안 어여쁜 암컷들을 만나게 해 주었지만, 아녹스는 암컷들을 거칠게 공격하거나 깔보고 무시했다. 그러다가 가끔씩 도망치고 싶은 간절한 바람이 솟구쳐 오르는지 쏜살같이 철망을 오르내렸다. 때로는 철망에 있는 힘껏 달려들기도 했다.

수많은 기록을 담고 있는 아녹스의 칼깃은 올해도 어김없이 털갈이를 시작했다. 교도관은 떨어진 깃털을 소중히 모아 두었다. 그리고 새 깃털이 나오자 아녹스의 명예로운 기록들을 하나하나 다시 새겨 놓았다.

두 해가 느릿느릿 흘러갔다. 교도관은 아녹스를 새 새장에 집어넣고 다른 비둘기 아가씨를 들여보냈다. 우연하게도 이번 암비둘기는 아녹스의 부정한 아내와 아주 많이 닮아 있었다. 아녹스는 새로 들어온 암컷이 정말 마음에 들었다. 주인이 느끼기에도 그 유명한 아녹스가 새 암컷에게는 관심을 보이는 것 같았다. 정말이었다. 암컷은 분명히 알을 낳을 둥지를 마련하고 있었다. 두 비둘기가 가까운 사이로 발전했다고 생각한 교도관은 처음으로 출구를 열었다. 아녹스에게 자유를 돌려준 것이다.

아녹스는 어떤 행동을 했을까? 의심스럽다는 듯이 이리저리 서성이거나 머뭇거렸을까? 아니, 아녹스는 단 한순간도 망설이

지 않았다. 출입문 덮개가 열리자마자 쏜살같이 그곳을 빠져나와 날개를 활짝 펼쳤다. 수많은 기록이 새겨진 놀라운 날개를. 아녹스는 잠깐이나마 마음을 빼앗겼던 키르케(그리스 신화에 나오는 마녀. 약물과 주문을 써서 사람을 짐승으로 만들었다고 한다:옮긴이)를 향해 눈길 한 번 주지 않은 채, 그 지긋지긋한 비둘기장 감옥을 뒤로하고 날아올랐다. 멀리, 더 멀리.

5

우리가 비둘기의 마음을 들여다볼 수는 없다. 비둘기의 마음이 깊은 사랑과 집을 향한 그리움으로 가득 차 있다는 생각은 어쩌면 우리의 착각인지도 모른다. 그러나 한 가지만은 분명히 말할 수 있다. 신이 씨 뿌리고 인간이 길러낸 귀소 본능, 집을 향한 신비로운 그리움, 이 고귀한 새의 가슴속에서 그치지 않고 활활 타오르는 사랑은 아무리 화려한 빛깔로 칠하고 아무리 높이 찬미해도 부족하다는 것이다.

그것에 어떤 이름을 붙여도 좋다. 인간이 이기적인 목적으로 꾸며서 만들어 낸 단순한 본능에 지나지 않는다고 해도 상관없다. 그것을 어떻게 설명하고 어떻게 분석하고 그것에 어떤 이상한 이름을 갖다 붙인다 해도, 그것은 그대로 거기 있을 것이다.

비둘기들의 용감한 작은 심장이 뛰고 있는 한, 비둘기들의 날개가 퍼덕거리는 한, 거스를 수 없는 강력한 힘으로 영원히 남을 것이다.

집으로, 집으로, 그리운 집으로! 어느 누구도 아녹스만큼 간절히 집을 그리워하지는 않았을 것이다. 웨스트 19번가의 오래된 비둘기장에서 겪었던 모든 아픔과 슬픔은 다른 모든 것을 압도하는 본능 속에서 잊혀졌다.

창살 안에 갇혀 있던 세월도, 마지막에 찾아온 사랑도, 죽음의 공포도 그 힘을 꺾을 수 없었다. 발판을 박차고 날아올랐을 때, 할 수만 있다면 아녹스는 분명히 노래를 불렀을 것이다. 영웅이 환희에 차서 노래 부르듯이.

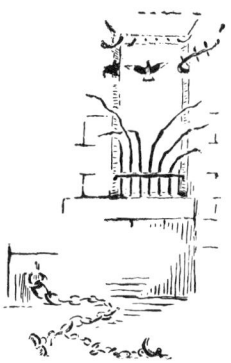

아녹스는 녀석의 영광스러운 날개가 경의를 표할 만한 단 하나의 열망에 이끌려 원을 그리며 하늘 높이 날았다. 자유롭게 위로, 위로, 푸른 하늘에 잿빛을 띤 푸른 원을 더 크게 더 높이 그리면서, 많은 기록이 새겨진 흰 날개를 반짝이며 날아올랐다. 그리고 그 모습은 한순간 반짝 빛나는 하얀 불꽃만큼 작아졌다. 아녹스는 하나뿐인 집과 하나뿐인 아내를 향한 그리움에 이끌려 점점 더 높이 날아올랐다.

그것은 말했다, 눈을 감으라고, 귀를 닫으라고. 또 그것은 말했다, 마음 쓰지 말라고, 지금 가까이 있는 것들에도, 지난 2년의 세월에도, 빼앗겨 버린 가장 빛나던 시절에도. 그리고 오직 푸른 하늘 높이 솟아올라 성자처럼 자신의 내면으로 들어가서 마음속 가장 깊은 곳에 있는 안내자에게 자신을 맡기라고 했다. 선장은 아녹스였으나, 키잡이도 항해용 지도도 나침반도 없었다. 모든 것을 뿌리 깊은 본능이 대신하고 있었다.

나무 위로 300미터쯤 날아올랐을 때 신비로운 속삭임이 들려왔다. 화살처럼 빠르게 날던 아녹스는 이제 남남동쪽으로 방향을 틀었다. 하얀 불꽃처럼 반짝이던 양쪽 날개는 가라앉은 하늘 속으로 사라졌다. 시러큐스의 도둑은 두 번 다시 아녹스의 모습을 볼 수 없었다.

급행열차가 빠른 속도로 계곡을 따라 내려가고 있었다. 처음에는 열차가 저만큼 앞서 있었지만, 마치 헤엄치는 사향쥐를 지나쳐 날아가는 들오리처럼 아녹스는 기차를 가볍게 따라잡아 앞질렀다. 아녹스는 계곡에서는 높이 날다가 서냉고 강가의 언덕 위에서는 낮게 날았다. 소나무들이 산들바람을 부드럽게 풀어 놓고 있었다.

그때 새매 한 마리가 떡갈나무 둥지에서 조용히 원을 그리며 미끄러지듯이 날아올랐다. 하늘을 나는 작은 새, 즉 먹잇감을 발견한 것이다. 아녹스는 왼쪽 오른쪽으로 방향을 틀지도, 더 높이 더 낮게 날지도 않았다. 날갯짓을 늦추지도 않았다. 새매는 아녹

스가 날아가는 방향의 앞쪽 골짜기에서 기다리고 있었다. 하지만 아녹스는 마치 한창때의 수사슴이 오솔길에서 기다리는 곰을 지나치듯 새매를 그대로 지나쳐 계속 날아갔다. 집으로! 집으로! 아녹스의 생각을 지배하는 것은 맹목적인 열정뿐이었다.

파닥, 파닥, 파닥, 반짝이는 날개는 조금도 속도를 늦추지 않았다. 이윽고 눈앞에 낯익은 길이 나타났다. 한 시간 뒤에는 금방이라도 손에 잡힐 듯한 캐츠킬 산맥의 모습이 보였다. 두 시간 뒤, 아녹스는 그 산 위를 지나가고 있었다. 오랫동안 마음으로 그리던 곳들이 눈앞에 보이자 날개에서 더 큰 힘이 솟아올랐다. 집으로! 집으로! 아녹스의 심장은 소리 없이 그렇게 노래하고 있었다. 목마름으로 죽을 것 같은 여행자의 눈길이 저 멀리 보이는 야자수에 꽂혀 있듯이, 반짝반짝 빛나는 아녹스의 두 눈은 저 멀리 뉴욕 맨해튼에서 피어오르는 연기에 고정되어 있었다.

캐츠킬의 산등성이에서 송골매 한 마리가 날아올랐다. 약탈자 종족 가운데서도 가장 빠르고, 억센 힘과 날개를 큰 자랑거리로 여기는 송골매였다. 맛있는 먹잇감을 발견한 송골매는 기뻤다. 수많은 비둘기가 송골매의 둥지에서 최후를 맞았다. 송골매의 공격은 바람을 타고 날아가 급강하하면서 힘을 아껴 적당한 순간에 내리 덮치는 식으로 이루어졌다.

아, 송골매는 어쩌면 그렇게 그 순간을 정확하게 포착하는지!

아래로, 아래로, 그 순간 송골매는 날아가는 창과 같았다. 들오리도, 새매도, 송골매의 발톱을 피할 수 없었다. 그것은 바로 송골매였기 때문이다. 아아, 호머여! 지금 돌아가라. 그래야만 목숨을 구할 수 있으리니. 그 위험한 산등성이를 돌아서 가라.

그 호머가 돌아갔느냐고? 아니! 그 호머는 다름 아닌 아녹스였다. 집으로! 집으로! 집으로! 아녹스에게는 그 생각뿐이었다. 위험이 닥치면 속도를 높일 뿐이었다. 송골매가 기세 좋게 내리덮쳤다. 무엇을 덮쳤느냐고? 하얗고 반짝이는 것이 휙 하고 지나가고, 송골매는 빈손으로 돌아서야 했다.

한편 아녹스는 새총으로 쏜 돌멩이처럼 산골짜기의 바람을 가르며 날아가 자취를 감추었다. 아녹스의 하얀 날개는 반짝이는 후광에 싸인 점이 되어 스르르 사라졌다. 아름다운 허드슨 강 유역으로 내려가자 눈에 익은 고속도로가 나타났다. 지난 2년 동안 보지 못한 그 길이!

이제 아녹스는 더욱 고도를 낮추었다. 북쪽에서 불어오는 한낮의 산들바람이 허드슨 강의 수면에 잔물결을 일으켰다. 집으로! 집으로! 집으로! 도시의 고층 건물들이 눈앞에 나타났다. 집으로! 집으로! 아녹스는 포킵시의 거대한 철제 다리를 스칠 듯 낮게 날면서 강둑을 지났다.

강둑에서 바람이 불기 시작했다. 아아! 그런데 아녹스는 너무 낮게 날고 있었다. 너무 낮았다! 대체 어떤 악마가 6월에 포수를 꾀어내어 강가에 숨어서 기다리라고 했을까? 대체 어떤 악마가 푸른 하늘에서 북쪽으로 날아가는 반짝이는 하얀 점에 포수의 시선이 머물게 한 것일까? 오! 아녹스, 미끄러지듯이 날아가는 아녹스여, 예전의 포수를 기억하라! 아녹스는 낮게, 너무 낮게 그 언덕을 지나치고 있었다. 너무 낮고, 또 너무 느렸다!

번쩍, 탕! 죽음의 총알이 아녹스를 때렸다. 아녹스는 상처를 입었지만 떨어지지는 않았다. 반짝이는 날개에서 기록을 아로새긴 깃털이 팔랑거리며 떨어졌다. 안개 낀 바다에서 세운 기록의 끝자리에서 '0'이 떨어져 나가, 340킬로미터가 아닌 34킬로미터가 되어 버렸다. 아, 이 얼마나 부끄러운 만행인가!

짙은 얼룩이 가슴에 나타났지만 아녹스는 계속 날았다. 집으로, 집으로, 날고 또 날았다. 위험은 한순간에 지나갔다. 아녹스는 집을 향해 곧바로 날아갔다. 하지만 아녹스만의 놀라운 속도는 줄어 있었다. 지금 아녹스는 1분에 1.5킬로미터도 날지 못했다. 갈가리 찢긴 칼깃으로 바람이 새면서 귀에 거슬리는 소리를 냈다. 가슴에 생긴 얼룩은 힘이 약해졌다는 것을 말해 주었다.

그러나 아녹스는 계속 똑바로 날아갔다. 집이다! 집이 보이기 시작했다. 그러자 가슴의 통증도 잊혀졌다. 저지시티의 높은 절벽을 스쳐 지나가는 동안, 멀리 볼 수 있는 아녹스의 두 눈에 뉴욕의 고층 건물들이 분명하게 들어왔다. 앞으로, 앞으로! 날개 끝은 처지고 눈은 비록 흐려졌지만, 집을 그리는 마음만은 점점 더 커져 갔다.

아녹스는 바람을 막아 주는 팰러세이드 절벽을 지나고, 햇빛 부서지는 강물 위를 지나고, 나무 위를 지나고, 송골매 둥지 밑을 지나갔다. 그 해적의 성에는 몸집이 커다란 무시무시한 송골매들이 자리 잡고 앉아 있었다. 검은 복면을 쓴 강도처럼 주위를 살피던 송골매들은 천천히 다가오는 비둘기를 지켜보았다. 송골매들의 성채 안에는 주인을 찾아가지 못한 수많은 편지가 나뒹굴고, 놀라운 기록이 적힌 수많은 깃털이 주인을 잃은 채 바람에 나부끼고 있었다.

아녹스는 예전에도 송골매들과 마주친 적이 있었다. 아녹스는 이번에도 그전처럼 멈추지 않고 날았다. 어서 빨리, 앞으로, 앞으로. 하지만 아녹스는 그때의 아녹스가 아니었다. 치명적인 총알에 힘과 속도를 빼앗긴 것이다. 앞으로, 앞으로! 아녹스는 계속 나아갔다. 적당한 때를 기다리던 송골매 두 마리가 시위를 떠난 화살처럼 날아왔다. 그러고는 약하고 지친 비둘기에게 번개처럼 잽싸게 달려들었다.

그 뒤에 무슨 일이 일어났는지 이야기한들 무엇 하랴! 그토록 그리던 집을 눈앞에 두고 날개가 꺾여 버린, 작지만 용감한 심장

숨어 있는 해적들

의 절망을 어떻게 그려야 할까? 1분 안에 모든 것이 끝나 버렸다. 송골매들은 승리감에 취해 날카로운 소리를 질러 댔다. 그러고는 끽끽대며 둥지로 날아갔다. 놈들의 갈고리발톱 사이로 축 늘어진 사냥감이 보였다. 불꽃같은 삶을 살던 아녹스의 마지막 모습이었다.

바위 위의 성채에서 놈들의 부리와 발톱은 영웅의 피로 붉게 물들었다. 비길 데 없이 고귀한 날개는 갈기갈기 찢기고 거기에 적힌 기록은 아무렇게나 사방으로 흩어졌다. 그 기록들은 약탈자들이 죽임을 당하고 그들의 요새에 사람의 손길이 닿을 때까지 햇볕과 폭풍 속에 그대로 놓여 있었다.

그리하여 영원히 묻힐 뻔했던 아녹스의 운명은 세상에 알려졌다. 비둘기들의 원수를 갚은 사람이 먼지와 쓰레기로 뒤덮인 해적의 성채 깊숙한 곳에 널린 수많은 비둘기의 잔해 사이에서 최고의 호머에게 주어지는 은고리를 발견한 것이다. 거기에는 잊지 못할 이름과 숫자가 새겨져 있었다.

'아녹스, 2590C.'

"아녹스, 2590 C."

달빛 아래 춤추는 요정
캥거루쥐

1

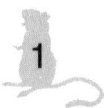

나는 미국 뉴멕시코 주 북부의 커럼포에서 살고 있었다. 내가 머무른 곳은 진흙을 이겨 벽을 바르고 마른 진흙으로 지붕을 덮은 꾀죄죄하고 초라한 단층집이었다. 강에서 멀지 않은 그 집 주위에는 모래 섞인 진흙땅이 넓게 펼쳐져 있었다.

2킬로미터쯤 떨어진 곳에도 역시 진흙이 쌓여서 이루어진 산봉우리들이 있었는데, 비바람과 서리에 깎여서 마치 기기묘묘한 조각상처럼 보였다. 지칠 줄 모르는 대자연의 조각가들이 빚어 놓은 진흙 봉우리들은 곳곳에서 가장자리를 두르고 있는 용암 덕분에 무너지지 않고 그 모습을 간직하고 있었다.

나는 캐나다 매니토바 주의 기름진 초원에서 커럼포 지역으로 옮겨 온 참이었다. 이방인의 눈에 커럼포 지역은 전혀 매력적이지 않았다. 하지만 시간이 흐르면서 이 지역에 감추어져 있던 낙원의 모습이 하나둘 눈에 들어오기 시작했다. 드넓은 벌판을 굽이치며 흐르는 강줄기를 따라 늘어선 미루나무며 키 작은 가시투성이 떨기나무들, 잡초가 무성한 덤불에는 수많은 생명체가 깃들여 있었다. 나는 매일 밤낮으로 새 친구를 사귀었고, 진흙땅의 주민들에 관해 새로운 사실을 알아냈다.

사람과 새들이 땅을 소유하는 때는 낮뿐이며, 밤은 바야흐로

네발짐승들의 시간이 된다. 나는 그 짐승들이 밤에 어떻게 움직이는지 알고 싶어서, 매일 밤 잠들기 전에 마당의 흙을 고르게 쓸어 놓았다. 또 샘물 쪽으로 나 있는 길과 지금도 '밭'이라고 부르는 예전의 옥수수밭을 지나 가축우리로 이어진 길을 덮은 흙도 매끈하게 쓸어 놓았다.

나는 아침마다 오늘은 또 어떤 흔적이 남아 있을지 잔뜩 기대하며 집을 나서곤 했다. 그때마다 크리스마스 선물 상자를 열어 보는 어린아이나 가장 큰 그물을 끌어 올리는 어부처럼 마음이 설렜다.

짐승들이 아무 소식도 전하지 않은 날은 단 하루도 없었다. 거의 매일 밤 스컹크 한두 마리가 찾아와 여기저기 들쑤시고 다니면서 음식물 쓰레기를 수집하곤 했다. 붉은스라소니가 찾아온 적도 있었다. 어느 날 아침에는 마당을 덮은 흙에 붉은스라소니와 스컹크가 맞붙은 상황에 관해서 상세한 기록을 남겨 두기까지 했다.

"미안. 네가 토끼인 줄 알았지 뭐니! 두 번 다시 이런 실수는 없을 거야."

붉은스라소니가 재빨리 이렇게 사과했다는 증거도 남아 있었다. 물론 붉은스라소니의 언어로.

몇 번인가 '광견병에 걸린 고양이과 동물'이 남긴 불길한 발

자국도 발견되었다. 그리고 한 번은 이 지역의 늑대왕이 길을 따라 현관문 바로 앞까지 행차했음을 말해 주는 커다란 발자국이 남아 있었다. 그 발자국 사이의 간격은 현관문에 가까워지면서 점점 좁아졌다. 늑대왕은 문 앞에서 걸음을 멈추고 정확하게 자기 발자국을 되밟고 물러나 다른 곳으로 가 버렸다. 멧토끼, 코요테, 솜꼬리토끼도 집 앞을 지나가면서 자기가 방문했음을 알리는 독창적인 편지를 몇 줄씩 남겼다. 아침마다 모든 것이 내게 고스란히 전달되었다.

그런데 모든 발자국들 사이에는 언제나 섬세한 레이스 작품에서 볼 수 있는 정교한 물방울무늬와 물결무늬가 남아 있었다. 레이스 무늬는 다른 발자국이 보이지 않는 날에도 하루도 빠짐없이 새로 찍혀 있었다. 그러나 무늬가 너무 복잡해서 어느 한 줄을 골라서 따라갈 수가 없었다.

처음에 나는 그것을 수많은 작은 두발동물이 한 줄로 늘어서서 함께 움직이면서 생긴 발자국이라고 생각했다. 하지만 두발동물이라면 사람과 새뿐인데, 새의 발자국은 분명 아니었다.

나는 좀 더 냉정한 판단을 내리기 위해서 마당을 덮은 흙이 알려 주는 모든 사실을 종합해 보았다. 먼저 수많은 작은 두발동물이 털신을 신고 밤마다 달빛 아래 모여 춤을 추었다는 증거가 남아 있었다. 녀석들이 저마다 한쪽 발끝으로 서서 돌면서 춤을 추면, 훨씬 더 작은 같은 종류의 녀석들이 하나씩 나타나 마치 심부름하는 아이처럼 그 뒤를 졸졸 따라다녔다. 그리고 녀석들은 어디인지 모를 곳에서 홀연히 나타났다가 다시 그렇게 사라졌다. 녀석들은 마치 마음대로 자취를 감추는 능력을 지닌 것 같았다. 아니라면 어떻게 잠시도 쉬지 않고 감시의 눈을 번뜩이는 코요테를 피할 수 있단 말인가?

여기가 영국이나 아일랜드라면, 어떤 농부라도 바로 그 자리에서 그 현상을 설명할 수 있었을 것이다. 눈에 보이지 않는 작은 것들이 작은 털신을 신고 달빛 아래 짝을 지어 춤을 추었다면 그건 당연히 '요정'이라고. 천하에 없는 바보라도 그 정도는 알 거라고 말이다.

그렇지만 나는 여기 뉴멕시코 지방에서 요정 같은 게 있다는 말을 들어 본 적이 없었다. 내가 아는 한, 이 지역의 어떤 문학 작품에도 요정이 등장한 적은 없었다.

그게 요정이라면 얼마나 좋을까! 나는 기꺼이 그 이야기를 믿고 싶었다. 동화 작가 크리스티안 안데르센은 끝까지 요정이 있다는 것을 믿었으며, 나중에는 다른 사람들도 그것을 믿게 만들었다. 아아, 하지만 나는 벌써 오래전에 요정이 있다는 것을 믿을 수 없게 되었다. 내 영혼이 일찍이 왼쪽에 '요정의 나라', 오른쪽에 '과학의 나라'라고 쓰인 이정표가 서 있는 갈림길에 들

캥거루쥐들은 밤마다 달빛 아래서 춤을 추었다.

어섰을 때, 오른쪽의 돌밭 길을 선택했기 때문이다. 그때 나는 무엇인지도 모르는 것을 위해서 요정의 나라를 볼 수 있는 눈을 포기해야 했다.

그래서 레이스 무늬에 어리둥절해 하면서도, 어리둥절한 만큼 더 큰 호기심을 느꼈다. 나는 밤마다 나에게 편지를 쓰는 방문객들에게는 편지를 쓸 깨끗한 공간을 많이 제공해야 한다는 것을 경험을 통해 알고 있었다. 나는 특별히 신경 써서 흙을 쓸어 만든 깨끗한 편지지를 더 넓게 깔아 주었다. 그리고 산쑥 냄새를 실어 오는 저녁 바람이 그것을 더 매끄럽게 손질해 주었다. 그 덕분에 나는 이튿날 아침 촘촘히 뜨개질한 레이스 무늬의 선 하나를 따라갈 수 있었다.

그 선은 길에 잔물결을 일으키면서 오래전에 말라붙은 옥수숫대가 남아 있는 밭을 향해 가다가, 흙 편지지에서 벗어나 옆으로 방향을 틀었다. 그리고 그 선은 마침내 잡초로 덮인 흙무더기에서 끝이 나 있었다. 흙무더기 주변에는 작은 출입구가 여럿 있었는데, 그 구멍들은 수직이 아닌 수평 방향으로 뚫려 있었다.

그렇다. 또 하나의 신비가 거의 풀리려 하고 있었다. 과학의 나라로 가는 돌밭 길에 박힌 부싯돌들은 얼마나 삐죽삐죽 모가 나 있는지! 나는 흙무더기 옆에다 덫을 놓았고, 이튿날 아침에는 내 '요정'을 붙잡을 수 있었다.

　그것은 내가 지금까지 만나 본 것 가운데 가장 사랑스럽고 우아한 털 달린 동물이었다. 털은 연한 황갈색이고, 밤색 눈망울은 새끼사슴처럼 크고 아름다웠다. 아니, 새끼사슴의 눈도 그렇게 놀라우리만큼 순수하고 촉촉하지는 않을 것이다. 아주 얇은 조개껍데기처럼 생긴 귀에서는 생명의 기운이 넘쳐흐르는 분홍색 실핏줄이 보였다. 뒷발은 크고 강했다.

　하지만 손, 그러니까 앞발은 너무나 작아서 세상에 그보다 더 작은 발이 있을까 싶을 정도였다. 분홍빛이 감도는 흰 손은 동그랗게 말리고 주름져 있어서 마치 아기 손 같았지만, 아기의 새끼손가락 끝보다 더 작고 더 하얬다. 목의 앞부분과 가슴도 새하얬다. 그런 진흙땅에서 어떻게 몸을 그렇게 깨끗이 간직할 수 있는지 놀라울 뿐이었다.

　갈색 벨벳으로 만든 듯한 녀석의 짧은 바지 아랫부분에는 기병의 반바지에서나 볼 수 있는 것 같은 은백색 줄무늬가 깜찍하게 나 있었다. 춤을 출 때 데리고 다니는 심부름꾼이라고 생각했던 것은 바로 꼬리였다. 아주 긴 꼬리에 하얀 줄무늬가 두 줄로 길게 나 있어서 반바지와 잘 어울렸다. 꼬리 끝에는 장식용 술 같은 털이 나 있었다. 꼬리는 정말 예뻤지만 너무 긴 게 아닌가 하는 생각이 들었다. 그 긴 꼬리가 얼마나 중요한 일을 하는지 알기 전까지는.

요정은 우아한 모습에 정말 잘 어울리는 움직임을 보여 주었다. 녀석은 발자국만으로도 내 마음을 흔들어 놓더니, 지금 첫 만남에서는 내 마음을 온통 사로잡고 말았다.

"정말 귀엽고 아름답구나! 하도 눈에 띄지 않고 신비스러워서 난 네가 요정이기를 바라기도 했지. 하지만 이제 네가 누군지 알겠구나. 예전에 네 이야기를 들어본 적이 있거든. 넌 페로디푸스 오르디*Perodipus ordi*, 그러니까 캥거루쥐(캥거루쥐의 학명은 현재 디포도미스*Dipodomys*로 정리되었다. 이 글에 등장한 것은 캥거루쥐의 한 종인 디포도미스 오르디 *Dipodomys ordii*이다:옮긴이)야. 나를 위해 그렇게 아름다운 레이스 무늬를 그려 주고 예쁜 시를 써 주다니 정말 고맙구나. 네가 쓴 시를 읽을 수는 없었지만 말이야. 내게 그 시를 번역해서 들려주지 않으련? 나는 작고 아름다운 너의 발 앞에 앉아 배울 준비가 돼 있거든."

2

진흙에서 가장 우아한 꽃이 피어난다는 것은 널리 알려진 사실이다. 그래서 나는 캥거루쥐의 보금자리가 지하 동굴이라는 것을 알고도 놀라지 않았다. 녀석의 아름다운 눈과 긴 수염은 지하 동굴의 캄캄한 통로에서 틀림없이 큰 도움이 될 것 같았다.

무자비해 보이겠지만, 나는 녀석을 더 잘 알고 싶은 욕심에 한동안 녀석을 가두어 두기로 했다. 녀석을 내게 자연사를 가르쳐 주는 교수님으로 삼아, 밝은 낮에 녀석의 흙무더기 보금자리를 열어 보기로 했다.

나는 안에 주석을 댄 나무 상자에 푸슬푸슬한 흙을 반쯤 채우고 벨벳처럼 보드라운 털로 덮인 작은 생명체를 그 상자로 옮겼다. 그러고는 삽을 들고 길을 나섰다. 내 포로가 살던 요정 나라의 비밀을 조심스럽게 엿보려 한 것이다.

먼저 주변 지형을 축소해서 그림을 그렸다. 과학은 측정에서 시작되며, 과학의 길을 선택한 이래 나는 계속 정확한 지식을 추구해 왔기 때문이다. 그 뒤에는 나지막한 흙무더기 위에서 자라는 식물들을 그렸다. 커다란 가시투성이 엉겅퀴 세 포기와 무럭무럭 자라는 두꺼운잎유카 두 그루가 살고 있었다. 두 식물 모두 조심성 없는 침입자에게는 위험한 것들이었다.

다음으로, 나는 출입구가 모두 아홉 개라는 점에 주목했다. 아홉 개라, 왜 아홉일까? 시와 음악을 맡은 아홉 여신? 아홉 개의 목숨? 아니, 그런 의미는 아닐 것이다. 캥거루쥐는 천상의 동물이 아니니까. 내가 만난 캥거루쥐의 성채가 우연히 아홉 방향에서 접근할 수 있었을 뿐이다. 다른 캥거루쥐의 집은 집주인이나 집이 자리 잡은 곳의 특성에 따라 입구가 세 개일 수도 있고 스물세 개일 수도 있었다.

　아홉 개의 구멍은 각각 억센 가시로 무장한 힘센 보초들, 그러니까 엉겅퀴와 두꺼운잎유카가 지키고 있었다. 이 보초들은 절대로 한눈팔지 않을 것 같았다. 평원의 작은 동물들에게 저승사자로 통하는 코요테가 나타난다 해도, 달빛 무용수 캥거루쥐들은 저마다 집으로 달려가서 가까운 문으로 쏙 들어가면 그만이었다. 그러면 무서운 무기를 든 보초들이 그 문을 지키고 서 있다가 코요테가 나타나면 이렇게 말할 것이다.

　"정지! 물러서라. 계속 다가오면 찔러 버리겠다!"

　아래 그림의 A 방향에 우연히 캥거루쥐의 성채로 통하는 길이 새로 뚫린다면 그 현명한 작은 동물은 그쪽에도 자기만 사용할 수 있는 편리한 문을 새로 만들 것 같았다. 두꺼운잎유카는 소처럼 몸집이 큰 동물이 흙무더기를 짓밟지 못하게 해 주었다. 한밤중에 캥거루쥐가 어느 발 빠른 적에게 쫓겨 도망칠 때도 두꺼운잎유카는 크고 시커먼 그림자를 드러내어 희미한 빛 속에서 친절한 길잡이가 되어 주었다.

　문득 이런 생각이 떠오른다. 다른 식물들도 모두 잎이 무성해지는 여름철이 되면 두꺼운잎유카가 밤의 길잡이 구실을 제대로 해내지 못하진 않을까? 그러나 두꺼운잎유카는 아주 멋진 방법으로 이 문제를 해결했다. 칼 모양으로 빽빽하게 솟은 잎 한가운

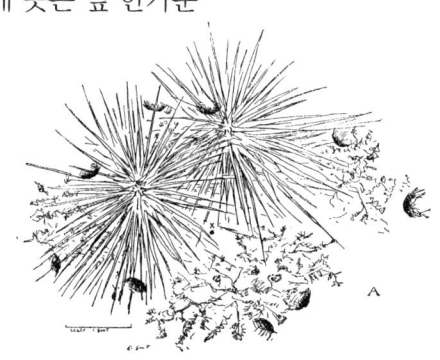

데에서 꽃대 하나가 쑥 올라와 보랏빛 밤하늘을 향해 신비한 촛대를 내미는 것이다. 그 끝에 매달린 새하얀 꽃들은 밤하늘에 새로 나타난 별자리처럼 어렴풋하게나마 멀리서도 볼 수 있었다. 캥거루쥐의 안전한 항구에는 그렇게 밤낮으로 등댓불이 밝혀져 있었다.

나는 내 달빛 무용수의 보금자리로 통하는 지하도를 조심스레 파헤치기 시작했다. 그런데 얼마 파 들어가지도 않아서 무언가와 마주치는 바람에 나는 소스라치게 놀랐다. 과학자들이 '암비스토마'라고 부르는, 흉악하게 생긴 두더지도롱뇽이었다. 멕시코 사람들은 미신 때문에 이 도롱뇽을 몹시 두려워했다. 녀석의 몸집은 작았지만, 꼬리를 흔들며 온몸에서 끈적끈적한 독액을 내놓는 것을 보자 나는 등골이 오싹했다. 나도 이런데, 작고 순한 캥거루쥐는 오죽할까 하는 생각이 들었다.

녀석은 캥거루쥐의 집을 공격하려는 것처럼 보였다. 이유는 모르겠지만 녀석은 자기가 들어온 지하도의 막다른 곳에서 단단한 모래벽에 코를 박고 한창 구멍을 파고 있었다. 그때 우리는 모두 '요정 이야기' 속에 들어가 있었으므로, 거인 역을 맡은 나는 조금도 망설이지 않고 그 용이 더 이상 요정을 괴롭히지 못하도록 멀리 던져 버렸다.

몇 시간을 끈기 있게 파고 재고 한 끝에 나는 캥거루쥐가 낮

흉악하게 생긴 두더지도룡뇽

동안 지내는 지하 세계의 지도를 완성할 수 있었다.

어느 입구로 들어가든 가운데 자리 잡은 방 가까이 갈 수 있었지만, 비밀을 모르는 자라면 그대로 지나쳐 다른 입구를 통해 다시 밖으로 나가게 되어 있었다. 몇 번을 드나든다 해도 그 집의 보물과 같은 잠자리를 발견할 수는 없었다. 주인이 집을 나설 때마다 가운데 방으로 통하는 길을 흙으로 막아 놓기 때문이었다.

나는 그제야 두더지도롱뇽이 왜 그런 행동을 했는지 이해할 수 있었다. 녀석은 자기가 비밀 통로를 찾아낼 수 있으리라고 생각한 것 같았다. 실제로는 비밀 통로 근처에도 가지 못했지만, 자기가 구멍을 뚫고 있는 흙벽 너머 어딘가에 비밀 통로가 있다고 생각한 것이 분명했다.

그 방의 공기가 완전히 차단된 것 같지는 않았다. 확실하지는 않지만, 217쪽 그림 가운데쯤에 아주 조그맣게 X 표시를 해 둔 작은 구멍이 환기구일 것이다. 하지만 지붕을 이미 허문 상태여서 조사할 수가 없었다.

가운데 방은 아주 컸다. 길이 30센티미터에 너비 20센티미터 정도였는데, 바닥에서 12센티미터 이상 떨어진 곳에 둥근 천장이 있었다. 오랫동안 문 옆을 지켜 온 두꺼운잎유카의 뿌리가 갈빗대 모양으로 뻗어서 집을 지탱하고 있었다.

나는 방으로 통하는 통로를 발견하고는 그곳이 새끼를 기르는

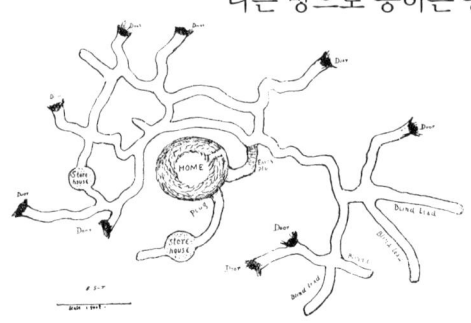

보금자리라고 생각했지만, 아니었다. 거기에는 가시투성이 풀이 마구 얽혀 있어서, 두더지도롱뇽이 거기까지 들어갔다 해도 더 이상 앞으로 나아가지 못하고 발길을 돌렸을 것이다.

조금 더 파고 들어가자, 한쪽 구석에 교묘하게 숨겨진 진짜 입구가 나타났다. 그곳에는 단단히 다져진 가느다란 풀잎이 깔려 있었다. 그리고 안쪽 바닥에는 보드라운 깃털이 깔려 있었다. 초원에서 사는 모든 작은 새들이 자기가 지닌 가장 아름다운 깃털을 하나씩 선물한 것이 틀림없었다. 그곳은 보드랍고 예쁘고 따스해서, 새끼캥거루쥐들이 저 먼 별에서 땅속 궁전을 처음 찾아올 그날, 분홍빛 감도는 새하얀 진주알 같은 새끼들의 요람이 되기에 아무 부족함이 없었다.

거대한 방의 한구석에서 나는 또 다른 비밀 통로를 발견했다. 마치 중세의 성을 탐험하는 듯한 기분이었다. 꽤 안쪽으로 파고 들어 가자, 통로가 비스듬히 기울어지더니 금세 커다란 창고가 나타났다. 창고 안에는 해바라기씨가 한 바가지나 들어 있었다. 그 창고는 가장 깊숙하고 가장 그늘진 곳에 있었다. 날이 따뜻해져도 씨앗에서 싹이 틀 염려는 없어 보였다.

창고 건너편의 또 다른 통로는 막혀 있었다. 창고에 먹을 것을 채워 넣는 동안은 통로로 쓰다가 창고를 다 채운 뒤 안전을 위해 막아 둔 것 같았다. 여기저기 이렇게 막힌 통로가 많았다. 통로였던 곳을 막아 놓은 것도 있고, 비밀 열쇠가 없는 침입자를 다른 곳으로 유인하기 위해 일부러 만든 것도 있는 듯했다.

한참을 파다 보니 방이 하나 더 있었다. 두 번째 창고였다. 비상식량 창고인 듯, 상태가 좋은 해바라기씨 한 줌이 들어 있었다. 거기에는 상하거나 쭈글쭈글한 씨가 한 알도 없었다. 하지만 캥거루쥐 가족은 하나도 발견할 수 없었다. 녀석들은 내가 소란스럽게 다가오는 소리를 듣자마자, 내가 발견하지 못한 비밀 통로로 도망쳤을 것이다.

이곳이 밤마다 내 집을 찾아온 손님의 보금자리였다. 그 보금자리는 오늘 당장, 그리고 가까운 미래에 닥쳐올 수 있는 모든 곤경에 대비해서 지혜롭게 설계되어 있었다.

3

나는 더 큰 관심을 기울여 상자에 갇힌 보금자리의 주인을 지켜보았다. 캥거루쥐는 반투명한 코끝과 귀 끝부터 예민한 꼬리 끝에 이르기까지 생기가 넘쳐흐르고 활력이 샘솟았다. 캥거루쥐는 상자의 한쪽 끝에서 맞은편까지 한 번에 건너뛸 수 있었다. 나는 녀석의 움직임을 관찰하면서 커다란 꼬리가 어떻게 쓰이는지 알게 되었다. 멀리뛰기를 할 때, 꼬리 끝에 달린 장식용 술 같은 털이 마치 화살 깃처럼 공중에서 똑바로 나아가게 해 주었다.
뿐만 아니라 뛰어오른 상태에서 꼬리를 움직이면 나아가는 방향
을 살짝 바꿀 수도 있었다.

꼬리에는 다른 쓰임새도 있다. 캥거루쥐의 줄무늬 바지에는
겨울용 식량을 집어넣어 집으로 옮길 주머니가 없다. 그 대신 양
쪽 볼 안쪽에 커다란 주머니가 하나씩 달려 있다. 캥거루쥐는 두
볼이 불룩 튀어나올 때까지 볼주머니에 먹이를 채워 넣는다. 볼
이 너무 불룩해져서 머리를 옆으로 돌려야만 굴 입구를 통과할
수 있을 정도이다.

볼주머니에 많은 양의 먹이를 집어넣으면, 맨 몸으로 뛸 때와
는 무게 중심이 완전히 달라진다. 바로 이때 녀석들의 길고 큰
꼬리가 튼튼한 지렛대 구실을 한다. 얼마나 무거운 짐을 들고 있
느냐에 따라 꼬리를 더 높이 또는 더 낮게 움직여서 균형을 맞추
는 것이다. 큰 꼬리 덕분에 캥거루쥐는 볼주머니에 일주일 치 식
량을 집어넣고도 완벽한 자세로 뛰어오를 수 있다.

캥거루쥐는 지칠 줄 모르는 작은 광부였다. 녀석은 연필심만
한 분홍빛 도는 하얀 앞발로 잠시도 쉬지 않고 땅을 파면서, 마
치 증기 기관을 이용해서 땅을 파는 기계가 흙을 분출하듯이 뒷
다리 사이로 흙을 퍼냈다. 캥거루쥐는 피곤한 줄도 모르는 것 같
았다.

녀석이 가장 먼저 한 일은 상자 안에 수많은 굴을 뚫는 것이었다. 그러고는 이상적인 지하 주택을 몇 채나 짓고 부수고 다시 지었으며, 지하에서 빠르게 이동할 수 있도록 통행 문제를 해결했다. 다음에는 경치를 아름답게 꾸미기 시작했다. 마음 내키는 대로 언덕과 골짜기를 만들어서 하룻밤 사이에 지형을 완전히 바꿔 놓곤 했다.

　캥거루쥐가 만들어 놓고 가장 좋아하는 풍경은 한쪽 끝에 샌프란시스코 봉이 솟아 있는 콜로라도 협곡, 즉 그랜드캐니언 같은 것이었다. 녀석은 한참 동안 그 봉우리 위에 흙에 섞여 들어온 커다란 돌멩이를 올려놓으려고 했지만, 그것을 옮길 만한 힘이 없었다. 그래서 내가 도와주려고 하면 고마워하기는커녕 골을 냈다.

　얼마 동안 그 돌멩이는 캥거루쥐의 가장 큰 고민거리였다. 캥거루쥐는 그 돌을 쓰지도 못하고 내다 버리지도 못하다가, 돌멩이 밑의 흙을 파낼 수 있다는 사실을 알아내고는 계속 파 내려갔다. 돌멩이는 마침내 상자 밑바닥에 자리를 잡게 되었고, 더 이상 캥거루쥐를 귀찮게 하지 않았다.

　캥거루쥐는 샌프란시스코 봉에서 그랜드캐니언을 가로질러 상자 반대편에 있는 유타 주까지 수백 킬로미터나 되는 거리를 한 번에 건너뛰었다가 다시 수천 킬로미터 높이의 산봉우리로

돌아가는 것이 나이었다.

　나는 캥거루쥐의 낯가림과 밤에만 활동하는 습관을 고려하면서, 되도록 자세히 녀석을 관찰하고 그림도 그리며 연구했다. 녀석에 관해 점점 더 많은 것을 알게 되자 녀석에게 감탄하는 마음도 점점 더 커졌다. 녀석은 매일 밤 놀랍도록 끈질기게 지질학 수업에 몰두했다. 새로운 산맥을 쌓아 올리는 능력은 특히 놀라웠다. 화산이라도 폭발한 것 같았다.

　맨 처음 어렴풋이 녀석의 존재를 느꼈을 때, 나는 녀석을 요정이라고 부르고 싶었다. 그러다가 녀석을 직접 만난 뒤에는, "아니, 겨우 캥거루쥐였네." 하고 말했다.

　하지만 2주 동안 우리에 갇힌 녀석을 지켜본 뒤에 깨달았다. 그렇게 힘이 넘치는 작은 동물 수백만 마리가 수천 년 동안 직접 땅을 파거나 자신들이 판 굴에 서리와 빗물이 스며들게 해서 전체적인 지형을 바꾸어 놓았다는 것을. 그러자 캥거루쥐가 쥐보다도 요정보다도 중요하다는 것을 인정하지 않을 수 없었다. 캥거루쥐는 지질시대(지구가 이루어진 이후부터 역사 시대 이전까지의 시대:옮긴이)에 버금가는 위대한 존재였다.

4

나를 깜짝 놀라게 한 사실이 하나 더 있었다. 과학자들은 생쥐가 새소리 비슷한 울음소리를 낸다는 것을 잘 알고 있다. 천부적인 재능을 타고난 생쥐들은 한밤중에 벽장이나 지하실에서 카나리아 노래에 뒤지지 않을 만큼 멋진 세레나데를 뽑아낸다. 동부의 삼림 지대에 서식하는 흰발생쥐도 뛰어난 재능을 타고난 가수로 알려져 있다.

목동들은 고지대의 야영지에서 밤잠을 자다가 비몽사몽간에 새가 지저귀는 것 같은 신비한 노랫소리를 들을 때가 종종 있다고 말한다. 떨리는 소리로 새보다 더 나직하게 부르는 고운 노랫소리가 들린다는 것이다. 목동들은 작은 새가 꿈속에 찾아와 노래를 불렀다고 생각하거나, '초원나이팅게일'의 노래라는 믿기 힘든 설명을 그대로 받아들인다. 그리고 그게 무슨 소리였는지 굳이 알아보려고 하지 않는다.

나도 종종 신비한 밤의 노래를 들었지만 그 노래를 부르는 가수의 보금자리를 추적할 수 없었으므로, 이름 모를 작은 새가 낮 동안 표현하지 못한 기쁨을 노래하는 모양이라고만 여겼다.

나는 몇 번인가 내 포로가 밤중에 길게 끄는 소리로 우는 것을 귓결에 듣고 흘려 버렸는데, 나중에야 그 소리가 달이 떠오를 때

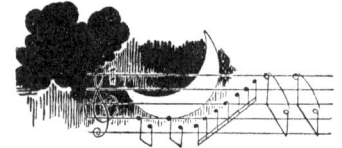

들었던 노랫소리와 같다는 생각이 들었다. 하지만 유감스럽게도 나는 캥거루쥐의 노랫소리를 제대로 듣지는 못했다. 결정적인 증거를 잡을 수 없었던 것이다. 내 포로는 나를 기쁘게 해 주려 하지 않았다. 사실 녀석은 처음부터 끝까지 나를 경멸하는 듯한 태도를 보여 주었다.

그래서 나는 두 울음소리가 같은 것이라고 '생각한다'(그리고 바란다)고 말할 수 있을 뿐이다. 나는 정확한 과학의 길을 따르기로 한 것이다. 아, 나는 왜 다른 길을 따르지 않은 걸까? 그랬다면 이쯤에서, 한밤중에 초원에서 고운 목소리로 노래하는 가수와 밤마다 내 집 앞에서 춤추던 보드라운 털옷 입은 요정이 '같은 동물'이라고 발표할 수 있었을 텐데.

그런데 어느 날 밤, 상자 속 자연계에 다시금 대변동이 일어났다. '끊임없이 샘솟는 힘'을 지닌 내 포로가 새로운 지각 변동 실험을 한 것이다. 캥커루쥐는 늘 하던 대로 자신의 왕국 한가운데가 아닌 상자의 남서쪽 구석에 산을 쌓기 시작했다. 거대한 산이 완성되자 이번에는 그랜드캐니언을 허물어서 벽을 쌓기 시작했다.

조그만 분홍색 앞발은 험한 산을 점점 더 높이 쌓아 올렸다. 전에 없이 낮게 가라앉은 평원 위로 아찔할 만큼 높은 산봉우리가 우뚝 솟아올랐다.

상자 한쪽 귀퉁이에 자리 잡은 산봉우리가 솟아오르는 속도는 점점 더 빨라졌다. 산봉우리가 빠른 속도로 상자 뚜껑, 즉 하늘에 가까워지면서, 무언가가 캥거루쥐의 마음에 불을 지폈다. 이제 캥거루쥐는 상자에 갇힌 뒤로 단 한 번도 닿지 못한 높이에 도달해 있었다. 주석을 대지 않은 나무 벽에 닿을 만큼 높은 곳이었다.

녀석은 새로운 재료에 이빨을 박아 넣었다. 아, 그리고 새로운 기쁨이 밀려왔다! 나무는 쉽게 잘려 나갔다. 캥거루쥐는 여느 때와 다름없이 기운차게 일해서 순식간에 두께 1센티미터의 송판에 구멍을 냈다. 그리고 녀석은 주석으로 치장한 왕국에서 탈출할 수 있었다. 왕국의 지질시대는 사라져 버렸다.

내 자연사 교수님은 사임하고야 말았다. 처음에 내가 밝혀내고 싶었던 것은 믿기 힘든 신비로운 일이었지만, 정작 발견한 것은 경이로운 자연계의 유쾌한 이야기였다.

5

이제 그 캥거루쥐는 다시 즐거운 마음으로 고지대의 진흙과 모래밭을 달리고 있을 것이다. 그리고 드넓은 평원을 살아 있는 화살처럼 빠르게 가로지를 것이다. 경솔한 코요테를 꾀어서 무

평원을 화살처럼 빠르게 가로지르다.

시무시한 선인장에 코를 처박게 하거나, 올빼미를 향해 자꾸 자기를 귀찮게 굴다가는 두꺼운잎유카의 매운맛을 보게 될 거라고 으름장을 놓고 있을지도 모른다. 그러다가 밤이 찾아오면 다시 밖으로 나와 매끄러운 바닥에 레이스 무늬를 그리거나, 아름다운 시를 쓰거나, 신이 난 친구들과 함께 달빛 아래 이리저리 뛰어다니며 노래를 부를 것이다.

적을 안전하게 피할 수 있는 지하 세계로 통하는 비밀 통로를 알고 있는, 그림자처럼 아련하고, 화살처럼 빠르고, 엉겅퀴 솜털처럼 우아하고, 초롱초롱한 눈이 아름다운 캥거루쥐. 내가 캥거루쥐에게서 받았던 이런 첫인상은 조금도 어긋나지 않았다. 나는 분명히 요정을 발견한 것이다. 어떤 동화책 속 요정보다 더 가까이 있고, 더 착하고, 더 인간적인 요정을.

내가 선택한 돌밭 길은 드디어 나를 더 높은 곳에 있는 요정의 나라로 이끌었다. 이제 요정 따위는 영국이나 아일랜드, 인도 같은 낭만적인 나라에서나 볼 수 있는 것이라고 말하는 소리가 들려올 때마다, 나는 마음속으로 이렇게 속삭인다.

"당신은 책을 읽으면서 너무 많은 시간을 허비했군요. 메사(꼭대기가 평평하고 주위가 급경사를 이룬 탁자 모양의 지형. 메사는 에스파냐 어로 '탁자'라는 뜻이다:옮긴이) 위로 달이 둥실 떠올라 강굽이마다 빛을 던지고, 산자락을 초록색으로 물들이고, 그늘진

경솔한 코요테를 꾀다.

곳을 푸른 장막으로 덮을 때, 커럼포에 가 본 적이 있나요? 그 달빛 아래 들려오는 노랫소리를 들은 적 있나요? 달빛이 엉겅퀴 줄기 끝을, 칼처럼 날카로운 두꺼운잎유카 잎을 지나쳐 매끈하게 닦인 무도회장에 평화롭게 머무르는 것을 본 적 있나요? 그 무도회장에는 밤마다 작은 요정들이 어딘지도 모르는 곳에서 홀연히 나타났다가 발소리도 내지 않고 사라진답니다.

당신은 그 요정을 본 적이 없을 거예요. 비밀의 방으로 통하는 열쇠를 찾아내지 못했으니까요. 어쩌면 비밀 열쇠를 찾아낸 뒤에도 여전히 믿지 못할 거예요. 달빛 아래 무도회를 여는 우아한 요정들은 어둠의 외투를 걸치고 있다가 마음대로 모습을 감출 테니까요.

당신은 모든 게 꿈이었다고 말할 거예요. 그렇지만 보드라운 흙 위에 찍힌 레이스 무늬는 어떻게 할까요? 이튿날 아침 태양이 떠오를 때면 그곳에 또렷이 남아 있는 그 무늬 말이에요."

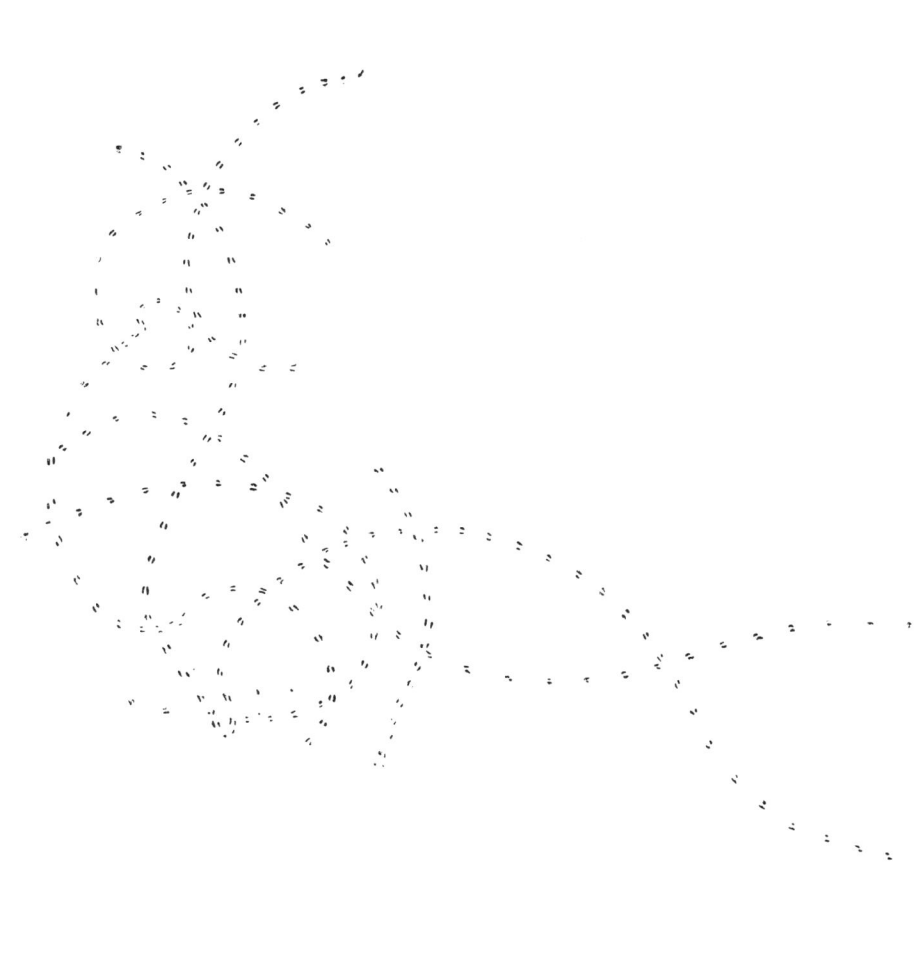

시턴의 삶

E. T. S.

1860	8월 14일, 영국 더럼 주의 사우스실즈에서 태어났다.
1866	부모, 아홉 명의 형제들과 함께 캐나다 온타리오 주의 린지로 이주했다. 시턴은 86년의 생애 중 69년을 캐나다인으로 지냈다.
1870~1879	가족들이 캐나다 온타리오 주의 토론토로 이사했다. 후에 토론토의 계곡에서 겪은 젊은 시절의 모험담 『두 명의 어린 미개인』을 기록했다.
1876	16세 나이에 첫 번째 유화 「참매」를 그렸다. 시턴은 일생 동안 4천 점의 그림을 그렸다.
1879	토론토 예술 협회에서 주는 황금 메달을 받았다. 영국 런던에서 미술을 공부했다. 시턴의 작품을 심사한 영국 왕립 협회에서 2년 동안 장학금을 주었다. 시턴이 미성년자(당시 겨우 19세였다)였기 때문에, 대영 박물관 규정에 따라 평생 동안 대영 박물관 도서 자료를 이용할 수 있도록 허락받았다.
1882~1889	성장기의 대부분을 캐나다의 매니토바 주 카베리에서 동쪽으로 약 1킬로미터 떨어진 형제 아서의 농장에서 보냈다. 시턴은 이 시기를 『카베리의 모래 언덕과 가문비나무 숲』에 이어 『모래 언덕 사슴 추적기』라는 책에서 "황금 시기, 내 인생 최고의 날들"이라고 묘사했다. 북아메리카 원주민들과 처음으로 만났다.

두 살 때 부모와 함께.

14살 때의 모습.

1883	미국 뉴욕의 미술 학도 연맹에서 공부했다.
1884	프랑스 파리에서 미술을 공부했다.
1885	『센추리 백과사전』에 1천 점의 동물 그림을 그렸으며, 오듀본의 책들에 견주어 손색이 없는 프랭크 챔프슨의 『조류 안내서』 삽화를 그렸다.
1886	『매니토바의 포유류 목록』을 출간했다.
1890~1891	프랑스 파리의 쥘리앵 아카데미에서 미술을 공부했다.
1891	시턴의 작품 「잠자는 늑대」가 프랑스 파리 살롱의 특별관에 전시됐다.
1892	캐나다 매니토바 정부에서 시턴을 주(州) 정부의 동물학자로 임명했다. 시턴은 죽을 때까지 이 관직을 유지했다. 시턴의 『매니토바의 조류』와 『매니토바의 동물』은 오늘날까지도 존경받는 참고 문헌으로 남아 있다.
1893	미국 뉴멕시코 지역에서 '로보' 사냥을 벌였다. 로보는 약탈을 일삼는 영리한 늑대였는데, 뉴멕시코 지역에서는 무척 유명했던 덕분에 고유한 이름까지 얻게 되었다. 훗날 시턴은 늑대 발자국을 자신의 서명 일부로 사용했다. 캐나다 토박이 시인 존슨과 깊

1889년 가족 사진(뒷줄 가운데가 시턴).

고 오랜 우정도 이때부터 시작되었다.
작품 「늑대들의 승리」가 시카고 세계 박람회에 전시됐다. 늑대의 눈으로 바라본 자연 세계의 실제 모습을 그려 낸 이 그림은 상당한 논쟁을 불러일으켰다.

1894 「늑대왕 로보」가 미국의 주요 잡지 『스크라이브너』에 실렸다.

1896 첫 번째 저서 『동물 해부에 관한 연구』를 출판했다. 시턴은 42권의 책뿐만 아니라 수천 편의 기사를 쓰기도 했다.
미국 뉴욕 출신의 그레이스 갤러틴과 결혼했다. 갤러틴은 여행·탐험 저술가이자 선구적인 여성 참정권론자였다. 예술과 문학 후원자로 활동하며 기금을 마련해 주기도 했다.

1898 『아름답고 슬픈 야생 동물 이야기』가 출판되었다. 로보를 포함해 여러 동물의 이야기를 담은 이 책은 시턴이 가장 처음 선보인 책이며 가장 좋은 평가를 받은 책이기도 했다. 이 책은 한 번도 절판된 적이 없으며, 열두 나라 말로 번역되었다. 『정글 북』을 비롯한 많은 단편소설을 쓴 영국의 소설가 키플링은 시턴에게 보낸 편지에서, 『내가 아는 야생 동물』을 통해 『정글 북』을 구상하게 되었다고 말했다. 그 뒤를 이어 동물 이야기를 담은 『회색곰 왑의 삶』, 『쫓기는 동물들의 생애』, 『두 명의 어린 미개인』 등이 잇따라 나왔다. 동물학자이자 작가, 삽화가, 이야기꾼으로서 시

1903년, 시턴이 아이들에게 용감한 심장에 대해 이야기하고 있다.

턴의 명성은 전 세계로 빠르게 퍼져 나갔다. 그러나 저명한 동물학자 존 버로스는 또 다른 미국의 주요 잡지 『애틀랜틱』에서 시턴이 동물에게 자의식과 동기, 그리고 감정을 부여했다는 점을 공격했다. 나중에 그는 시턴의 빈틈없는 현장 관찰 증거를 인정하고 친구이자 동료가 되었다. 버로스는 "시턴은 모든 동물 이야기 작가들을 어둠 속으로 쉬 사라지게 만들었다."고 썼다.

1900 미국 코네티컷 주 코스콥의 윈디골로 이사했다.
강연을 늘렸다. 생전에 북아메리카와 유럽에서 6천여 회의 강연을 했다.

1902 우드크래프트(원래는 우드크래프트 인디언스)를 창설했다. 12명의 소년이 모인 이 '동아리'는 시턴이 코스콥에서 지내는 동안 주말과 여름 캠프 때 만나면서 규모가 점점 커졌다. 우드크래프트는 보이스카우트 운동의 선두주자였으며, 걸가이드·컵스카우트·기독교청년회(YMCA)와 캐나다·미국의 캠핑 협회에 큰 영향을 끼쳤다. 우드크래프트를 위해 해마다 개정되는 지침서 『자작나무 껍질 두루마리』도 펴내기 시작하여 1930년까지 28가지 판본이 출판되었다.

1904 딸 앤 시턴이 태어났다. 앤은 무척 사랑받는 역사 소설을 썼고, 「도깨비불」 등의 작품은 영화로 만들어지기도 했다.

1903년, 시턴이 불씨 내는 방법을 가르치고 있다.

1906	보이스카우트 운동을 발전시키기 위해 영국에서 배든 포얼을 만나 함께 일했다.
1907	노스웨스트테리토리스의 텔론 강을 포함하는 허드슨스베이 사의 북극 경로를 이용해 일곱 달 동안 북부 캐나다를 탐험하는 3천 2백 킬로미터의 카누 여행을 하고, 『북극의 대초원』을 썼다. 페리 제독과 에드먼드 힐러리 경처럼 소수의 최고참 탐험가들에게만 회원 자격을 주는 탐험가 모임의 회원이 되었다.
1908	미국 코네티컷 주의 그리니치로 이사했다. 이곳에서 우드크래프트의 주요한 실험이 이루어지고 규모가 확장되었다. 시턴은 그 후 우드크래프트 연맹이라 일컬었다.
1909	주요 작품인 『북부 동물들의 생애』를 두 판본으로 출판했다. 프랭크 챔프슨은 "오듀본이 조류를 위해 한 일을 시턴은 포유류를 위해 해 주었지만, 시턴이 더 나은 편이었다."고 말했다.
1910	미국 보이스카우트 협회 창립 위원회 의장이 되었다. 첫 번째 보이스카우트 지침서를 썼다.
1910~1915	미국 보이스카우트 협회 회장이 되었다.
1912	체코슬로바키아 우드크래프트 연맹이 설립되었다. 『시턴의 숲』이 출판되었다.

1911년, 시턴이 세계 최초의 보이스카우트 건물에 초석을 놓고 있다.

1916	영국에 숲살이기사단이 창설되었다. 그 후 수년에 걸쳐 다른 연맹들이 벨기에·프랑스·캐나다·폴란드·독일·헝가리·소련·아일랜드·유고슬라비아에 설립되었다.
1917	미국 우드크래프트 연맹이 통합되고 우드크래프트 회장이 되었다. 원주민 인디언 수족(Sioux)에게서 '검은 늑대'라는 이름을 받았다. 시턴은 이 이름을 자신의 원래 이름보다 더 좋아했다. 우드크래프트의 생각과 실천에 관한 부정기 소식지 『토템 보드』를 처음으로 발간했다.
1918~1925	주요한 과학적 연구와 저술 작업인 『사냥감들의 삶』을 1천 5백 점의 삽화를 곁들여 네 권으로 출간했다.
1924	매니토바의 카베리를 마지막으로 방문했다.
1926	미국 보이스카우트 협회에서 그해에 처음으로 제정한 상인 '은빛 물소 상'을 받았다.
1927	수족 인디언, 푸에블로 인디언들과 함께 지내며 연구하기 위해

1923년, 시턴의 동상.

| | 여행을 떠났다. 시턴의 일생에 걸쳐 아메리카 선주민족의 문화·전통에 대한 평가와 지원은 계속되었다. 『인디언 송가』를 썼다. |

1928　『사냥감들의 삶』의 중요성을 인정받아 미국 국립 과학 연구소로부터 국제적으로 잘 알려진 '존 버로스 메달'을 받았다. 또한 이 책은 동물학 분야에서 탁월한 저작임을 인정받아 미국 자연사박물관에서 주는 '대니얼 지로 엘리엇 메달'을 받았다.
우드크래프트 활동에서 큰 영향을 받은 미국 컵스카우트 협회 창립에 핵심적인 역할을 했다.

1930　미국의 47번째 주인 뉴멕시코의 샌타페이로 이사했다. 시턴 성을 설계하고 건축했다. 레크리에이션 협회 지도자들을 위한 훈련 캠프로서 북아메리카 인디언의 전통 생활 방식에 기반을 둔 '시턴 인디언 연구소'를 설립했다.
70세의 나이로 미합중국 시민권을 얻었다. 여행, 연구 지도, 저술, 강연, 우드크래프트 장려 사업을 계속했다.

1935　그레이스 갤러틴과 이혼하고, 1월 22일 미국 텍사스 주의 엘패소에서 줄리아 모스 버트리(줄리아 시턴)와 결혼했다. 줄리아 시턴은 뉴욕 헌터 칼리지의 강사이자 원주민 예술, 공예, 음악 등

어니스트 톰프슨 시턴과 아내 줄리아 시턴.

	에 관해 글을 쓰는 작가였다. 줄리아 시턴이 쓴 책으로는 『아메리카 인디언 예술』, 『삶의 방식』 들이 있다.
1936	영국과 독일·체코슬로바키아를 포함한 유럽 대륙으로 긴 강연회를 떠났다(시턴은 이곳에서 우드크래프트 연맹도 방문했다). 이것은 해외로 떠난 여섯 차례의 강연회 가운데 하나였다.
1939	『물소의 바람』을 출간했다. 세련되고 시적인 이 얇은 책은, 인디언들의 삶을 알려야 한다는 시턴 자신의 마음의 소리를 뛰어난 상상력으로 묘사했다.
1940	자서전 『야생의 순례자 시턴』을 펴냈다.
1945	마지막 책 『산타나, 프랑스의 영웅견』을 펴냈다. 마지막 그림을 그렸다.
1946	생일인 8월 14일, 뉴멕시코 대학에서 마지막 강연을 했다. 10월 13일, 뉴멕시코 주 샌타페이의 시턴 성에서 86세의 나이로 숨을 거두었다.

옮긴이의 말

나는 되도록이면 자주 산에 오르거나 개천을 따라 난 길을 걸으려고 합니다. 또 그렇게 자주 할 수 있는 일은 아니지만, 눈 덮인 들판에 나서거나 바닷가에 나가 온몸과 온 마음으로 바람 맞기를 참 좋아합니다. 그럴 때마다 내 몸이 살아 있다는 것을 생생히 느끼기 때문이지요.

어떤 느낌이냐 하면, 냉장고 안에서 보름 동안 굴러다니면서 쭈글쭈글 주름이 잡힌 방울토마토 같던 내 눈알이 다시 탱글탱글해지는 것 같은 느낌이지요. 내 머리뼈 속 뇌 표면에 잡힌 주름 사이사이로 버스럭거리며 굴러다니던 모래알이 말끔히 사라지는 것 같은 느낌이기도 합니다. 사람의 몸과 마음은 따로 떨어진 게 아니어서인지, 그럴 때마다 마음도 생기를 되찾습니다.

어느 위대한 과학자는 인간에게는 생명 또는 자연에 이끌리는 본성이 있다고 했습니다. 살면서 정말 그렇다고 자꾸만 고개를 끄덕이게 됩니다. 우리가 생명, 자연에 끌리는 건 우리 몸이 계속 인공물에 둘러싸여서 살도록 만들어지지 않았기 때문일 것입니다.

우리는 엄마 배에서 나온 뒤 매일 숨 쉬고 먹고 마시고 배설하고 느끼고 움직이고 머리를 쓰고 아프기도 하고 낫기도 하면서 지금의 몸을 갖게 되었습니다. 그래서 우리 각자의 몸은 저마다 살아온 만큼의 역사를 품었지요.

하지만 우리 인간이라는 생물 종을 만들어 준 설계도는 역사가 더 깁니다. 거기엔 수십억 년 동안 지구 생물들이 살아온 내력이 담겨 있지요. 그리고 사람만의 고유한 특징은 지난 수백만 년 동안 우리 조상들이 변해 가는 환경 속에서 살아남으려고 치열하게 싸워 오면서 하나하나 얻어 낸 것입니다. 우리 조상은 숲 속과 벌판을 헤매면서 사냥하고 채집하고 목숨을 노리는 적에 맞서 싸우면서 지금의 우리 몸을 만들었습니다.

요즘 어른 아이 할 것 없이 마음에 병이 든 사람이 많다는 이야기가 들립니다. 주위를 둘러보아도 몇십 년 전에 견주어 밥 굶는 사람은 크게 줄었지만, 행복한 사람이 그만큼 늘어난 것 같지는 않습니다. 교실에, 사무실에, 작업장에 묶여 있는 현대인의 생활이 우리의 몸과 마음과 어울리지 않아서 그런 것은 아닐까요?

우리 몸과 마음은 자연과 자꾸 접촉해야 튼튼해집니다. 무슨 이야기를 하고 싶으냐고요? 텔레비전을 끄고, 컴퓨터를 끄고, 책도 덮고 그냥 밖으로 좀 돌아다니라는 이야기입니다. 텃밭을 가꾸는 것도 정말 좋은 일입니다. 우리는 부모님, 선생님, 친구에게도 배우고 책, 텔레비전, 인터넷에서도 배웁니다. 하지만 산과 강, 바다, 들판, 개천, 식물과 동물에게서, 그냥 자연 그 자체에서 배워야 할 것은 따로 있습니다.

시턴을 가르친 것은 바로 자연이었습니다. 시턴은 예닐곱 살부터 숲 속의 집 한쪽 구석에 있는 커다란 작업실에서 일곱 형, 두 동생과 나무, 가죽, 유리, 금속 다루는 법을 배우며 일하고 놀았습니다. 가로톱과 세로톱, 송곳, 작은 손도끼, 나무 벨 때 쓰는 도끼와 장작 팰 때 쓰는 도끼, 대패와 막대패 사용법도 배웠습니다. 그들은 "4년 동안 우리 형제 가운데 한 명도 다치지 않은 날이 하루도 없었다."고 할 만큼 위험한 연장들을 사용해 여러 가지 물건을 만들었습니다. 젖소를 한 마리씩 맡아 기르면서 농장 일을 거들다가 사나운 염소에 쫓겨 목숨을 잃을 뻔하기도 했습니다.

　보이는 거라곤 울창한 숲뿐인 미개척 삼림지에서 강인하게 자라난 시턴은 호숫가의 대도시 토론토로 이사해서 10대를 보냈습니다. 그는 그곳에서도 틈만 나면 사람들의 발길이 닿지 않는 계곡을 찾았습니다. 혼자 힘으로 통나무집을 짓고 토요일마다 그곳에서 자연인의 삶을 즐기기도 했습니다. 그런데 부랑자들이 그 오두막을 빼앗자 시턴은 절망에 빠져 공부에만 매달렸습니다. 토요일 나들이도 그만두고 공부에만 몰두하다가 폐에 병이 들어 사경을 헤맨 끝에 겨우 살아나기도 했지요.

　시턴은 도시에 살면서도 동물 관찰하는 일을 멈추지 않았습니다. 새를 특히 좋아한 시턴은 새에 관해 더 많이 알고 싶다는 열망에 사로잡혀 새총으로 많은 새들을 잡았습니다. 그러던 어느 날, 시턴은 기쁨에 겨운 소리로 지저귀며 즐겁게 날아다니는 물총새 한 마리를 잡았습니다. 그러고는 물총새를 해부해서 몸의 구조를 조사하다가 새의 간에서 살아 있는 벌레를 발견했습니다. 그 벌레는 물총새의 간을 이미 꽤 많이 먹어 치운 상태였습니다. 시턴은 기쁨에 겨워 즐거이 봄노래를 부르는 것처럼 보이던 새가 실제로는 참을 수 없는 고통에 시달리고 있었다는 사실을 알게 되었지요. 그때 시턴은 평생 잊지 못할 교훈을 얻었습니다. 야생의 생물도 슬픔과 고통을 느끼지만 사람들은 그 사실을 모른다는 것을.

열여섯 어린 나이의 이런 깨달음이 시턴을 한평생 흔들리지 않는 자연인으로 살게 했을 것입니다. 시턴의 동물 이야기들은 참 재미있습니다. 하지만 이 책을 번역하면서 그 이야기들이 단순히 재미있는 이야기로만 다가오지 않았습니다.

사냥꾼이자 박물학자로, 화가이자 작가로, 인디언 문화 운동가이자 청소년 자연학습 지도자로 끊임없이 도전하는 삶을 살면서 자연을 사랑하는 마음의 끈을 잠시도 놓지 않았던 시턴. 그의 동물 이야기들은 시턴의 삶 그 자체입니다. 그의 숨결이 짙게 배어 있는 이야기들을 가려서 두 권의 책으로 묶었습니다. 오늘 이 땅에 사는 많은 어린이와 청년들이 이 책에서 시턴의 삶을 만나기를 소망합니다.

2009년 겨울
윤소영

시턴 동물 이야기 ❷

2010년 1월 7일 1판 1쇄

글쓴이·그린이 : 어니스트 톰프슨 시턴
옮긴이 : 윤소영

편집 : 최일주, 이혜정, 김언수
디자인 : 권소연
제작 : 박흥기
마케팅 : 이병규, 이민정, 김선영

출력 : 한국커뮤니케이션
인쇄 : 코리아피앤피
제책 : 창림P&B

펴낸이 : 강맑실
펴낸곳 : (주)사계절출판사
등록 : 제 406-2003-034호
주소 : (우)413-756 경기도 파주시 교하읍 문발리 파주출판도시 513-3
전화 : 031)955-8588, 8558
전송 : 마케팅부 031)955-8595 │ 편집부 031)955-8596
홈페이지 : www.sakyejul.co.kr │ 전자우편 : skj@sakyejul.co.kr

값은 뒤표지에 적혀 있습니다.
잘못 만든 책은 구입하신 서점에서 바꾸어 드립니다.

사계절출판사는 성장의 의미를 생각합니다.
사계절출판사는 독자 여러분의 의견에 늘 귀기울이고 있습니다.

ISBN 978-89-5828-431-4 73000